MAITRE ET DISCIPLE
La direction spirituelle

DU MÊME AUTEUR
CHEZ LE MÊME ÉDITEUR

collection Christus

YVES RAGUIN

Maître et disciple

La direction spirituelle

Voies et Étapes

DESCLÉE DE BROUWER

Imprimi potest
Paris, le 1ᵉʳ janvier 1985
H. MADELIN

Imprimatur
Paris, le 8 février 1985
Mgr E. BERRAR, v.é.

© Desclée De Brouwer, 1985
76 bis, rue des Saints-Pères, 75007 Paris
ISBN : 2-220-02543-8- DDB
ISBN : 2-89007-505-2- BELLARMIN
ISBN : 0223-1298

Préambule

Montre-moi le chemin

En écrivant ce livre, j'ai toujours eu sous les yeux la manière dont le Christ a instruit ses disciples. Après avoir parlé et agi devant eux, Jésus se penche vers ses disciples pour les écouter et leur faire prendre conscience de la manière dont ils réagissent. C'est cette pédagogie que saint Ignace a comprise, car c'est ainsi que Dieu l'a enseigné. Dieu ne lui a pas « dicté » ce qu'il avait à écrire, il l'a laissé chercher au travers de son expérience et finalement le trouver, pour l'exprimer.

Cette liberté du « disciple » Ignace la met en lumière dans la seconde annotation des *Exercices spirituels* : « Celui qui propose à un autre un mode ou un plan de méditation ou de contemplation, doit raconter fidèlement l'histoire à contempler ou à méditer, se contentant d'avancer d'un point à un autre par de courtes et sommaires explications. Car, si celui qui contemple part d'un fondement historique vrai, s'il avance et réfléchit par lui-même et s'il trouve de quoi expliquer ou sentir un peu mieux l'histoire, soit par sa réflexion propre, soit parce que son intelligence est illuminée par la grâce divine, il trouve plus de goût et de fruit spirituel que si le directeur avait abondamment expliqué et développé le contenu de l'histoire. Ce n'est pas, en effet, d'en savoir beaucoup qui satisfait et rassasie l'âme, mais de sentir et goûter les choses intérieurement [1]. »

1. Voir les notes regroupées en fin de volume.

Le rôle du directeur est donc de proposer un sujet, mais la démarche pour méditer ou contempler ce qui est proposé est la responsabilité de celui qui « fait » les Exercices. Dans un sens, le directeur ne « dirige » pas. Il oriente ; encore ne peut-il le faire qu'en tenant compte de ce que le retraitant vit intérieurement. Agir autrement c'est courir le risque de le conduire par des chemins qui ne sont pas les siens. Le guide, le maître montre le chemin en ce sens qu'il aide son disciple à trouver son chemin dans le fourré de ses expériences. Ce qui manque au dirigé, c'est de savoir où il va, donc de savoir quel chemin prendre. Le directeur est là près de lui pour l'aider à voir quel dynamisme le pousse, quel désir le travaille et surtout dans quelle direction il doit avancer. Le rôle du guide est donc très délicat. S'il se croit inspiré de l'Esprit Saint pour diriger celui qui s'est adressé à lui pour le guider, il risque de se faire illusion, et d'entraîner son disciple sur des chemins qui ne lui conviennent pas.

C'est pourquoi j'ose dire qu'une des qualités essentielles de celui qu'on appelle le directeur est une grande humilité car il doit être constamment à l'écoute de ce que l'Esprit Saint inspire au dirigé.

Ce petit livre voudrait être un exposé simple et clair de quelques-uns des problèmes posés par ce que l'on appelle encore communément la direction spirituelle. Si je continue à employer les termes maître, disciple, directeur, dirigé, c'est pour des raisons pratiques ; il faudrait employer des périphrases qui alourdiraient terriblement le texte. Ces mots peuvent être compris dans des acceptions bien différentes. Je demande à mon lecteur de les comprendre dans l'ambiance de ce livre.

Montrer le chemin du Seigneur est un art qui s'apprend, un peu dans les livres, mais surtout par une longue pratique. Ici encore, je dois un merci infini à tous ceux et surtout celles qui sont venus me demander de les accompagner. J'ai appris de ces personnes plus que les livres n'auraient jamais pu me dire. Je crois que dans ce domaine, le plus important c'est d'écouter, écouter, écouter encore, écouter jusqu'à en mourir. C'est ainsi que dans la mort à lui-même le maître spirituel peut rendre la vie à ceux qu'il accompagne. En fait il les nourrit non pas tellement de sa parole, mais de son expérience même. C'est pourquoi le maître est un grand pauvre, comme le Christ lui-même l'a été.

Tout ne peut être dit dans un petit ouvrage comme celui-ci. Mais qui dit tout, en fait ne dit rien, car la vraie parole qui touche est celle qui jaillit du fond du cœur de celui qui écoute. Il ne s'agit donc pas de tout dire, mais de suggérer, d'évoquer, d'attirer l'attention. L'idéal serait de faire comme le Christ qui nous dit continuellement, comme à ses deux premiers disciples : « Venez et vous verrez » (Jn 1,39). Ainsi a-t-il constamment appelé ses disciples à venir vers lui et à voir... Il était le maître parfait et pourtant il a toujours gardé cette attitude à l'égard de ceux qui cherchaient à le connaître. Un chemin ne s'enseigne pas. Il me faut le parcourir avec quelqu'un qui l'a déjà parcouru et peut me dire : « Ne crains pas, je connais le chemin. »

Changhua (Taiwan), le 12 novembre 1980
Taipei (Taiwan), le 17 mars 1984

Introduction

La direction spirituelle n'est pas une science, c'est un art, et une sagesse qui relèvent de l'expérience humaine et de l'intelligence divine. Il ne faut donc pas la réduire à une pure science psychologique. En effet dès que l'on prête attention à l'action divine dans une vie humaine les perspectives essentielles ne sont plus uniquement celles de la psychologie, mais aussi celles de la sagesse qui vient d'auprès de Dieu (Sg 9).

Nous sommes ici sur un terrain où l'humain et le divin se rencontrent et se mêlent d'une manière inextricable. Nous appelons « âme » ou « psychè » le domaine de la psychologie, et « esprit » cette zone de l'être humain où le divin anime l'humain et où Dieu se manifeste. Or pour comprendre cette distinction il faut en revenir à une phrase de l'*Épître aux Hébreux* qui nous fait saisir la distinction entre les deux : « Vivante, en effet, est la parole de Dieu, énergique et plus tranchante qu'aucun glaive à double tranchant. Elle pénètre jusqu'à diviser âme et esprit... » (He 4,12). Seule, en effet, la parole de Dieu est assez incisive pour nous faire saisir à cette profondeur, ce qui est de Dieu et ce qui est de nous. Or cette distinction est essentielle pour la conduite de la vie spirituelle. C'est bien pourquoi Jésus dit à Pierre qui venait de lui dire « Christ et Fils du Dieu vivant » : « Heureux es-tu, Simon fils de Jonas, car ce n'est pas la chair et le sang qui t'ont révélé cela, mais mon Père qui est dans les cieux » (Mt 16,17).

Thérèse d'Avila dans les Septièmes demeures de son *Châ-*

teau intérieur [2], nous dit que l'âme et l'esprit sont une même chose, mais que, cependant, l'esprit est très différent de l'âme. Cet esprit est le centre de l'âme et c'est là où Dieu réside. Cette distinction que nous trouvons dans l'Ancien Testament et dans le Nouveau, spécialement dans saint Paul, est fondamentale pour la vie spirituelle [3]. Réduire la structure de l'être humain au corps et à l'âme, c'est aller contre l'expérience des grands spirituels et s'engager dans une impasse.

Si la psychologie centre son étude sur la « psychè », la science spirituelle, au contraire, se centre sur l'esprit, cette « partie » de nous-mêmes dont une face est tournée vers Dieu et l'autre vers notre réalité humaine. Cela est dit dans un langage temporel et spatial, mais c'est le seul moyen de faire saisir la distinction des deux domaines. L'ultime démarche de ce que nous appelons la direction spirituelle c'est d'accompagner ceux qui cherchent Dieu jusqu'à cet « esprit » qui est leur être le plus profond, là où ils sont image de Dieu et parfaitement eux-mêmes. Or seule la Parole de Dieu, essentiellement son Verbe par l'action de leur Esprit, peut nous faire pénétrer jusqu'à ce point de division de l'âme et de l'esprit, pour reprendre l'image de l'*Épître aux Hébreux*.

Il est donc important de distinguer science psychologique et sagesse spirituelle. Certains nient cette distinction, mais l'expérience spirituelle montre qu'elle est nécessaire. Cela rend donc indispensable une étude de plus en plus poussée de cette zone frontière où l'on avance un pied dans le monde de l'humain et l'autre dans le monde du spirituel et du divin. Or ce chemin demeure extrêmement mystérieux.

Tous ceux qui sont pris du désir de trouver Dieu autrement qu'en se conformant à des commandements se trouvent bien vite face à ce problème du « chemin ». Ils ont le sentiment d'avancer dans un monde inconnu. Il leur faut donc un guide, qui ait déjà exploré le terrain. Il semble que notre époque redécouvre cette vérité fondamentale de l'expérience chrétienne. Je sais bien qu'il y aura toujours des gens pour dire : « Pourquoi tant compliquer les choses ? Il n'y a qu'à se conformer aux commandements. Et puis, il suffit de croire. » Suffisant pour certains mais pas pour tous !

Le Christ nous a dit : « Si quelqu'un m'aime, il observera ma parole, et mon Père l'aimera ; nous viendrons à lui, et nous établirons chez lui notre demeure » (Jn 14,23). Or, c'est le chemin de cette demeure qu'il nous faut découvrir. Le Christ est l'unique chemin, mais il adapte sa grâce à chacun de ses disciples. L'unique chemin se ramifie ainsi en des milliards de chemins divers. Rien de plus personnel que la voie qui nous conduit vers Dieu, car le but, ce n'est pas tellement Dieu dans son être même, que nous transformés en lui.

Nous avons inventé, au cours des âges, d'innombrables méthodes, au point que, finalement, le Christ restant le chemin, chacun cependant y avance à sa manière. C'est pourquoi écrire sur la direction spirituelle n'est pas chose facile, d'autant moins facile que l'Occident chrétien subit fortement l'influence de méthodes venues de l'autre bout du monde. Il ne suffit pas de dire tout bonnement : « Restons-en aux bonnes méthodes d'autrefois qui ont fait leurs preuves. Pourquoi vouloir s'embarquer à la suite de ces maîtres venus du bout du monde ? » J'ai souvent entendu des réflexions de ce genre. Or la question est de savoir si ces méthodes sont capables de nous aider à trouver notre chemin vers Dieu.

Ce qui a le plus contribué à faire redécouvrir le besoin de guides ou de maîtres spirituels, c'est d'abord l'extraordinaire développement des méthodes psychologiques et ensuite la découverte par l'Occident des méthodes de prière dites « orientales ». Or parmi les innombrables méthodes de méditation et de contemplation en usage en Asie Orientale et en Inde, ce sont surtout les méthodes dites d'intériorité qui ont un impact sur l'Occident.

Avec ces méthodes sont venus les maîtres, qu'on les appelle gourous, swamis, ou roshis... Évidemment, pour beaucoup, les vrais maîtres ne pouvaient venir que des régions mystérieuses du Tibet, du Népal ou de l'Inde. C'est ici que le désir du spirituel se laisse séduire par l'imagination. Pourquoi faudrait-il que Jean-Baptiste, Jésus et les autres personnages de l'Évangile, comme Marie Madeleine, aient été initiés au Tibet [4] ? Il ne faut tout de même pas confondre « spirituel » et fantasmagorie.

L'invasion des méthodes de prière dites orientales a certainement contribué à déboussoler un grand nombre de chrétiens. La crédulité de ceux qui courent après les expériences spirituelles peut être immense. Mais faut-il leur en faire un reproche ? Car, enfin, le christianisme occidental a-t-il vraiment offert aux fidèles une possibilité de croissance et d'épanouissement spirituel ? On a conceptualisé les dogmes, on a surtout réduit la vie chrétienne à un savoir-faire, à une pratique. D'où un pilotage très formel, sans profondeur. Or nous assistons maintenant à une redécouverte de l'intériorité.

Il ne s'agit pas de faire ici le procès de l'évolution spirituelle de l'Occident chrétien. Cet Occident chrétien a vécu au cours des derniers siècles des expériences politiques, intellectuelles et spirituelles qui ont fortement marqué sa recherche de Dieu. C'est un fait d'histoire qu'il nous faut accepter. À partir de ce donné historique, il nous faut voir dans quelle direction avancer. Désormais, ce que nous appelons l'Occident chrétien n'est plus un monde isolé géographiquement ou séparé dans une attitude de supériorité. La pensée chrétienne ne peut plus se construire et s'affirmer sans tenir compte du reste du monde. Même quand l'Église dit qu'elle a la vérité, elle le dit avec des réserves et des nuances dont elle n'avait cure il y a encore cinquante ans.

Ainsi le fond de tableau de ce petit livre, c'est le monde entier. Le Christ que nous y trouverons n'est plus le monopole d'une église, car il appartient à l'humanité entière. Il sera toujours le point de référence ultime de toutes les démarches, chrétiennes ou autres, car il n'y a qu'un seul Verbe de Dieu, manifestation absolue du mystère divin.

C'est aussi dans ces perspectives que le guide ou maître

spirituel sera présenté. Il est trop évident qu'il est impossible de tout dire sur le maître spirituel dans un petit livre comme celui-ci. Le guide spirituel dont il sera question dans le présent ouvrage pourra être le « spécialiste » d'une méthode déterminée comme le Yoga ou le Zen (Ch'an en chinois). Il sera le plus souvent capable d'aider des personnes marchant sur des chemins fort différents. Je dirais que dans ce domaine il y a aussi des spécialistes et des généralistes.

Ce qui est demandé à notre guide spirituel c'est une richesse d'expérience et une capacité de discernement. Il doit donc avoir une connaissance profonde des voies spirituelles, sans pour autant être capable d'aider tous ceux qui se présenteraient. Il n'y a pas, en effet, de maître universel, sauf le Christ, et encore beaucoup lui ont préféré Jean-le-Baptiste.

Le plus important pour le guide spirituel, c'est qu'il ait reçu du Seigneur un don de discernement et de sagesse spirituelle. Celui qui en guide un autre se rend bien vite compte qu'il fait face au mystère du cheminement personnel. Il lui faut donc avoir, avec une bonne maîtrise humaine, un sens profond de l'action divine. Bien des gens se disent spirituels et jugent d'une manière péremptoire des démarches des autres. C'est pourquoi il est bon de rappeler ici le principe que l'Esprit est libre d'agir en s'insérant dans une grande variété de méthodes et de tempéraments. Ainsi ce qui apparaît de plus en plus clairement quand on est en contact personnel avec des personnes qui cherchent Dieu, c'est l'infinie variété des chemins, car plus nous cherchons à marcher sur les traces du Seigneur, plus nous constatons que c'est lui qui, en fait, met ses pas dans les nôtres.

PREMIÈRE PARTIE

LE GUIDE ET LE CHEMIN

« Jésus leur dit aussi une parabole : Un aveugle peut-il guider un aveugle ? Ne tomberont-ils pas tous les deux dans un trou ? Le disciple n'est pas au-dessus de son maître mais tout disciple bien formé sera comme son maître » (Lc 6,39-40).

1. Innombrables chemins

Les chemins qui conduisent à Dieu sont innombrables et ils ne se rejoignent que dans l'absolu de son mystère. Quand je verrai Dieu comme il est, alors seulement il n'y aura plus de chemin, plus d'étapes et plus besoin de guide. Mais tant que nous cheminons en ce monde, ce but demeure au-delà de notre atteinte. Il nous faut donc accepter notre condition présente. Nous sommes en chemin et ce chemin passe en plein territoire humain. Vouloir marcher hors de cette réalité, en cherchant à l'ignorer ou même à la survoler, c'est s'exposer à divaguer et à se perdre dans les rêves nés de notre imagination. Pour être un vrai spirituel, il faut avoir les deux pieds sur terre et accepter de cheminer en plein dans le créé, guidé par celui qui est notre seul maître le Christ.

Si nous pouvions nous échapper de notre condition humaine il serait peut-être plus simple d'aller à Dieu tout d'un trait, mais cela n'aurait pas de sens. Il nous faut donc cheminer par des chemins terrestres qui nous sont propres. Je vais à Dieu d'une manière absolument personnelle, car j'y vais au travers de ce que je suis, par ce que je suis. Mon chemin vers Dieu, c'est tout mon être. C'est pourquoi ce problème tellement débattu de la vie contemplative et de la vie active, de la contemplation et de l'action apparaît finalement être un faux problème. Le chemin vers Dieu n'est pas dans un lieu ; il ne dépend pas d'un genre de vie. Où que je sois, mon chemin vers Dieu est en moi, et il traverse toute l'épaisseur de mon être.

Dès que l'enfant est conçu, sa vie commence à s'orienter... Quand il prendra conscience qu'il existe, il aura déjà en lui tout un passé. Il est déjà lui-même. Les parents s'étonnent toujours devant la personnalité de leur enfant. Ils ne l'ont pas fait selon un plan à eux. Ils ne l'ont pas « programmé ». Ils n'ont fait que lui transmettre une vie déjà codée. Tout ce qu'ils peuvent faire désormais c'est de l'aider à grandir, en accord avec le dynamisme profond qui est en lui et en harmonie avec leur propre idéal.

Mais, là encore, dans son évolution, l'enfant fera un choix parmi les possibilités qui lui seront présentées... Et ce choix ne sera pas forcément celui que ses parents désireraient lui voir faire. Les parents ont beau essayer de lui inculquer ce que leur expérience leur a appris, l'enfant fera son propre choix, le plus souvent d'une manière instinctive et s'engagera sur la voie qui lui est propre. Si on lui impose trop de choses contraires à son tempérament et à son dynamisme intérieur, il en restera blessé et comme tordu pour toujours.

Nos parents sont nos premiers guides spirituels. Toutes les qualités qui seront demandées d'un maître spirituel il faudrait ainsi pouvoir les exiger des parents et réciproquement. En effet les grands maîtres et guides spirituels sont pères et mères de leurs disciples. Quand quelqu'un a trouvé un maître qui l'a éveillé au mystère de sa propre vie intérieure, il peut dire : « Vous m'avez donné la vie. » Or ce n'est pas que le maître donne la vie ; il aide simplement à en prendre conscience. La vie n'est pas quelque chose qui se donne de l'extérieur. Elle est déjà là, mais elle ne peut jaillir que si quelqu'un active cette énergie et aide à la libérer.

Une source ne jaillit pas n'importe quand et n'importe comment. Il faut que quelqu'un la dégage, pour qu'elle puisse jaillir sans obstacle. Ainsi en va-t-il de la vie, de l'amour et aussi de la vie spirituelle.

Il est normal que quelqu'un qui a trouvé son chemin spirituel, dans le mouvement charismatique par exemple, veuille y convertir les autres. Mais il ne devra pas s'étonner que la plupart des gens restent indifférents. Qu'il n'aille pas les accuser de manquer de foi. Ce n'est pas question de foi. Il y a diversité de dons, diversité de charismes, donc diversité de chemins. Seul le Christ est le chemin définitif, lui seul. Tous les autres, et ils sont des milliers, doivent converger en lui, jusqu'à s'y perdre. C'est pourquoi l'Évangile nous présente une telle diversité de voies pour rejoindre le Christ et pour aller au Père. Vouloir réduire la voie de l'Évangile à une seule, c'est faire un choix en fonction de nos besoins présents et des structures que nous imposons à notre propre vie spirituelle. Ce choix est légitime et nécessaire, mais il ne doit pas exclure les autres.

Il n'y a rien de mal à voir ainsi la spiritualité de l'Évangile sous un angle bien défini. Au contraire c'est peut-être le seul moyen d'approfondir le mystère du Christ. Mais il ne faut pas penser que l'on a trouvé « la » spiritualité de l'Évangile. On a simplement découvert un des multiples chemins qui convergent dans le Christ. Je puis me faire l'avocat du chemin de la pauvreté, du chemin du silence ou de mille autres encore. Je puis imiter Marthe, ou Marie, ou Pierre ou Jean... À propos de Marthe et Marie, il ne faut pas oublier que c'est à Marie que le Seigneur a demandé d'aller annoncer sa résurrection, à elle qui ne rêvait que de lui embrasser les pieds. Elle est la première à avoir fait l'expérience de la résurrection précisément parce qu'elle est toute prise par le désir de retrouver celui qu'elle aime. Elle n'est pas, comme les autres, préoccupée de choses extérieures. Elle est, de tous les amis et disciples de Jésus, la mieux préparée à faire cette expérience de la résurrection. Le chemin intérieur suivi par Marie la conduit au cœur du Christ et de là au cœur de ses frères, les amis du Seigneur.

C'est ici l'occasion de dire un mot de l'intelligence des

chemins suivis par les autres. Marthe n'accepte qu'à contre-cœur l'attitude de sa sœur. Je ne veux pas analyser ses sentiments, mais il est bien certain que les Marie sont souvent incomprises. Les critères de l'activité spirituelle demeurent, dans l'Église et dans les groupes religieux, plus extérieurs qu'intérieurs. C'est pourquoi bien des personnes, qu'elles soient dans le monde, comme on dit, ou dans la vie religieuse, attendent parfois des années avant de rencontrer quelqu'un qui comprenne leur chemin.

Cette incompréhension peut s'expliquer, car les tempéraments spirituels sont différents et chacun juge des autres à partir de son expérience. Mais ce qu'il est difficile de comprendre, c'est l'intransigeance de certains qui se disent et se croient « spirituels ». Non seulement ils ne comprennent pas que les autres suivent un autre chemin, mais ils veulent les forcer à suivre le leur. Dieu est libre de ses dons, et il ne faut pas, au nom de l'Esprit, lier cet Esprit. Il faut ici dépasser les querelles de clocher et les rivalités d'école. Si je suis incapable de comprendre une autre spiritualité, cela ne m'autorise nullement à dire qu'elle n'a aucun sens. Le vrai maître spirituel est capable de juger de la relativité de toutes les voies spirituelles, de la sienne en premier lieu.

Si telle est l'attitude du maître, il s'attachera d'abord à l'aspect positif des autres voies, car en fin de compte c'est ce qui importe. Il pourra, pour des raisons pratiques les critiquer et les juger, mais il lui faudra, en même temps, en voir l'aspect positif et essayer de comprendre pourquoi ces méthodes sont estimées et suivies par d'autres.

La question du tempérament est ici fondamentale. L'incompréhension sur le plan spirituel vient le plus souvent de là. Pour réduire le problème à quelque chose de simple, on peut diviser les tempéraments en extravertis et introvertis. Les premiers sont tournés vers l'extérieur et jugent tout en fonction de l'expression, de l'action, du résultat tangible. C'est eux qui, d'ordinaire, ont le dessus du pavé. Les seconds sont tournés vers l'intérieur et ne peuvent se retourner vers l'extérieur et vers l'action qu'après un long cheminement intérieur. Une force mystérieuse les attire d'abord vers les profondeurs de leur être et c'est là qu'ils retrouvent leur Dieu en se retrouvant eux-mêmes. Or leurs démarches, tournées au départ, l'une vers l'intérieur et l'autre vers l'extérieur, finissent par se rejoindre. Elles se rejoignent à l'infini, car le monde spirituel est ainsi bâti que le point de départ et le point d'arrivée, l'alpha et l'oméga, fusionnent à nouveau au terme du parcours : le monde spirituel donne l'exemple d'une parfaite involution.

Les étapes et la découverte du chemin

Comme pour tout voyage il y a, pour un itinéraire spirituel, un point de départ, un but, un tracé et des étapes prévues. Cependant plus ou moins tôt on débouche en territoire inconnu, dans un monde encore inexploré où il est impossible de prévoir les étapes et les rencontres. C'est là qu'un guide devient nécessaire.

J'ai maintenant l'habitude de dire que Dieu n'a pas de plan, simplement pour faire comprendre qu'il a sur nous un dessein ou un projet, mais ce dessein ou ce projet sont hors du temps, de l'espace et de la condition humaine. Dans son « monde » à lui il n'y a pas de chemin, pas de distance, pas d'étapes, donc pas de plan. Or il semble que d'ordinaire Dieu laisse à l'homme l'initiative du plan concret ; j'allais dire de la programmation. Il s'agit en effet de réaliser dans une vie humaine, dans l'espace et dans le temps, un « projet » divin qui ne connaît ni espace ni temps. Dire que Dieu parle est vrai, mais il est aussi vrai de dire qu'il ne parle pas. C'est nous qui mettons en paroles, une « parole » au-delà de toute expression. Ceux qui attendent que Dieu leur parle en paroles claires et articulées s'exposent à entendre des paroles qu'ils croient être de Dieu mais qui ne sont en fait que la formulation d'un désir enfoui au fond du cœur.

Pour comprendre ce phénomène des paroles de Dieu nous pouvons revenir au baptême de Jésus. Quand il sortit de l'eau après son baptême, une voix se fit entendre du Ciel. Matthieu écrit : « Et voici qu'une voix venant des cieux disant : Celui-ci est mon Fils bien-aimé, celui qu'il m'a plu de choisir » (Mt 3,17). Or, si je prends saint Marc, je trouve une autre version. « Et des cieux vint une voix : Tu es mon Fils bien-aimé, il m'a plu de te choisir » (Mc 1,11). Passons à saint Luc. Dans la plupart des bibles nous trouvons la même version que dans Marc, mais la Bible Œcuménique donne une troisième version : « ... et une voix vint du ciel : Tu es mon fils, moi, aujourd'hui, je t'ai engendré » (Lc 3,22) [5]. Nous avons donc ici trois interprétations d'une même parole sans paroles. Une même « parole » de Dieu peut donc être interprétée de manières bien différentes.

Je prends cet exemple pour montrer comment Dieu et l'homme coopèrent, que ce soit dans le domaine de l'expression de la révélation ou dans celui de l'action. Cet ajustement des actes humains aux desseins, intentions ou désirs de Dieu est le point central du cheminement spirituel.

Or la connaissance du dessein de Dieu sur une vie ne peut pas être l'affaire d'un instant. Il faudra du temps pour que ce dessein apparaisse assez clairement. Le maître ne devra donc pas être impatient des lenteurs de son disciple. Une des tentations du directeur est, en effet, de croire qu'il connaît le plan de Dieu sur une personne et de vouloir la diriger d'après ses propres inspirations. Elles peuvent tomber juste, mais elles peuvent aussi porter à faux. Il est donc nécessaire que le guide, comme le disciple, soient toujours à l'écoute des désirs de Dieu, manifestés au rythme de l'existence humaine. L'un et l'autre avancent le plus souvent sans savoir vraiment où ils vont... et pourtant le guide a déjà une intuition mystérieuse du chemin à suivre. Mais la découverte concrète de ce chemin se fera au rythme des nuits et des jours. On ne connaît, en effet, le sentier qu'au moment où l'on s'y engage ou, parfois, longtemps après.

Quand le Christ a dit à ses disciples : « Soyez parfaits comme mon Père céleste est parfait » (Mt 5,48), il a fait preuve d'une remarquable sagesse. Cette parole du Seigneur délivre de l'illusion de croire que nous pouvons nous figurer un idéal de perfection. Je dois tendre à un idéal qui n'a, dans notre expérience humaine, ni forme ni expression déterminée. Mais nous courons toujours le danger, par besoin de sécurité, de nous forger une image concrète de l'idéal vers lequel nous tendons. Imiter le Christ n'est pas affaire de mimétisme, car le mimétisme reste « extérieur », mais conformité d'esprit qui peut prendre forme de mille manières différentes.

Il est bon d'être attiré par un idéal, mais il ne faut pas se laisser entraîner à rêver d'un genre de sainteté qui n'est pas pour nous. Combien de personnes n'avancent pas dans la vie spirituelle, car elles essaient de partir de l'idéal de leur rêve, au lieu de partir du point où elles en sont arrivées. Jamais en effet on ne peut partir d'un autre endroit que celui où l'on se trouve ; vérité de La Palice que l'on oublie trop souvent.

Il y a toujours beaucoup d'imprévu et d'imprévisible sur les chemins de la vie spirituelle parce qu'il est impossible de prévoir la longueur des étapes, les difficultés, les lieux où l'on trouvera le repos. On peut rester pendant des années aux prises avec des problèmes d'ordre psychologique qui empêcheront de déboucher sur une expérience plus profonde et se battre ainsi contre un obstacle invisible qui arrête notre marche. Mais on peut aussi, tout d'un coup, émerger dans un monde merveilleux où nous nous trouvons à la fois tout proches de nous-mêmes et de Dieu ; ou, au contraire, après avoir traversé des périodes de merveilleuse paix intérieure, entrer dans un véritable désert et tomber dans une nuit noire.

Ce qui nous paraît imprévisible et dû au hasard, un bon guide spirituel pourra nous en expliquer la signification et la valeur dans l'ensemble de notre cheminement spirituel. Le guide a déjà parcouru ce chemin ou un chemin parallèle ou qui le recoupe en bien des endroits. Il sera donc capable d'expliquer et de rassurer. Surtout, aux moments difficiles, il sera là pour donner l'aide nécessaire. Il arrivera que le guide doive bander les yeux de celui qu'il dirige, pour l'aider à passer un endroit dangereux où il pourrait être pris de peur ou de vertige. Parfois même il devra le prendre à bras-le-corps ou le porter sur ses épaules.

Quand nous nous ouvrons de nos problèmes à un maître nous verrons s'il peut nous comprendre. Si nous voyons qu'il ne nous comprend pas suffisamment, il ne faut pas immédiatement le laisser. Il est en effet possible que le premier contact soit difficile, et qu'ensuite une confiance mutuelle s'établisse. Ce que je veux dire c'est qu'il ne faut pas croire trop vite que nous ne sommes pas compris. Si cela vient du fait que nous croyons avoir une expérience spirituelle tellement particulière que personne ne peut nous comprendre, le contact avec un maître expérimenté finira par nous faire prendre conscience que notre expérience, après tout, n'est pas tellement extraordinaire.

Si vraiment, après un certain temps, voire même quelques minutes, nous sommes certains que celui à qui nous nous sommes adressés ne peut pas nous aider, alors il est préférable d'aller frapper à une autre porte. Il faut avoir le courage de prendre cette liberté. Et le maître doit accepter cela. Il doit savoir qu'il n'y a pas en ce monde de maître universel, et que, après tout, il y a une multitude de prophètes, pour que chacun puisse suivre celui qui lui convient.

Il ne s'agit pas ici d'encourager ceux et plus souvent celles qui courent d'un maître spirituel à un autre, sans jamais se laisser guider par aucun. Ce tourisme spirituel manifeste soit un manque de profondeur, soit un attachement obstiné à ses propres idées. Il y a beaucoup d'incompris qui le seront toujours parce qu'ils ne veulent pas être vraiment connus, et encore moins aidés.

2. Le guide et son expérience spirituelle

Avec le développement des études de spiritualité, nous nous trouvons devant un problème : la priorité donnée à la connaissance acquise sur l'expérience. Il n'est pas question de nier la valeur des études systématiques de spiritualité pas plus que celle des études de psychologie. Mais nous rencontrons chaque jour des diplômés en psychologie à qui des années seront nécessaires pour retrouver un vrai sens psychologique. La même remarque s'applique à bien des personnes qui ont fait des études de spiritualité...

La plupart des grands spirituels ont, semble-t-il, commencé par l'expérience. Ils en ont ensuite tiré des principes de vie personnelle et de direction spirituelle. C'est le cas de saint Ignace de Loyola qui fut introduit dans une expérience spirituelle avant d'avoir aucune connaissance théorique de la vie intérieure et encore moins de l'art de guider les autres dans leur recherche de Dieu. Nous savons par ce que l'on appelle communément son *Autobiographie* ou encore *Le récit du Pèlerin* [6] qu'il lui fallut beaucoup de temps pour voir clair dans sa propre expérience. Dieu le conduisit par des chemins assez extraordinaires avant qu'il eût aucune connaissance de ces voies. Quand il était encore au château de Loyola, il n'avait vraiment que Dieu pour l'instruire. Si, ensuite, à Montserrat et à Manrèse, il trouva des guides spirituels, il semble que cette direction ne fut pas très poussée, car il n'était pas encore capable de comprendre tout ce qui se passait en lui. Ce n'est que peu à peu qu'il acquit l'art du discernement des esprits. Il n'a pas écrit de grands traités spirituels, mais un tout petit manuel auquel il a donné le nom d'*Exercices spirituels*. Ce n'est pas un traité sur la prière, mais un guide qui, d'étapes en étapes, en suivant la démarche même de l'Écriture, nous conduit de l'alpha de la création jusqu'à l'oméga du retour à Dieu. Ce petit guide des *Exercices* ne nous promène pas dans les profondeurs de la théologie spéculative ou dans les hauteurs d'une mystique désincarnée. Il est écrit au niveau de l'expérience humaine du divin. Ce qui retient l'attention d'Ignace c'est l'impact de l'action divine dans les profondeurs et recoins de notre psychologie. Ignace n'est pas de ces spirituels qui s'envolent au-dessus de la condition humaine pour décrire ce qui se passe dans les profondeurs du divin. Il a les deux pieds sur terre et croit que Dieu agit au creux même de notre existence.

C'est donc au niveau de l'impact de l'action divine sur notre intelligence, sur notre cœur, sur notre esprit qu'il essaie de saisir cette action. Il sait bien que notre corps est la caisse de résonance d'une action spirituelle tellement profonde qu'il est très rare qu'on la saisisse en elle-même. Pour lui, le discernement des esprits est de première importance. Ce discernement n'est pas ordonné d'abord à une action, mais à la connaissance de la manière dont Dieu agit en moi et se fait ainsi connaître. Sa mystique ne s'évade pas de la réalité, elle ne s'éblouit pas de paroles enjôleuses, elle ne se drogue pas de sentiments forcés...

Tout cela explique pourquoi le but des *Exercices* est finalement de « trouver Dieu en toutes choses ». Trouver Dieu en toutes choses ce n'est pas changer leur apparence, ni les enrober d'une lumière merveilleuse. C'est au niveau du point d'impact de la grâce dans sa vie qu'Ignace analyse l'action divine. Sa mystique s'inscrit dans la totalité de son être et de son existence. Et cette existence se vit dans un monde très concret qui l'enveloppe de toutes parts. Ainsi, si je « trouve Dieu en toutes choses », alors je suis tout naturellement « contemplatif dans l'action ».

Le guide et son expérience spirituelle

Le monde ne manque pas de saintes gens qui ont une profonde expérience spirituelle, mais sont incapables de la communiquer. Ils peuvent être pris comme modèles, mais là s'arrête leur influence, influence d'une belle statue qui « touche », mais qui n'écoute pas, ni ne comprend. Ces personnes sont des modèles par ce qu'elles sont, mais leur rayonnement serait beaucoup plus grand si elles pouvaient s'ouvrir aux autres pour donner et pour recevoir. Or ces deux aspects de la relation sont aussi importants l'un que l'autre.

Je pense que chacun devrait être comme saint Ignace qui marcha d'abord seul, car, tant qu'il fut en convalescence dans son château, il n'avait pour le guider que le Christ, la Vierge Marie et quelques livres. Ces ouvrages ont pourtant joué un rôle essentiel dans son évolution spirituelle. Grâce à eux, Ignace a commencé à prendre conscience de l'action de Dieu au plus profond de lui-même. Plus tard, encore tout au début de sa conversion, à Montserrat et à Manrèse, il commença à aider d'autres personnes dans leur démarche spirituelle.

Je ne pense pas qu'il y ait d'autre manière de devenir un guide spirituel que de chercher à comprendre l'action de Dieu en nous-mêmes et dans les autres. Notre expérience personnelle n'est pas suffisante. Il nous faut communiquer avec d'autres. Si limité que soit le cercle de ceux que nous aidons, il nous ouvre des horizons plus vastes et nous empêche de divaguer en nous faisant croire que nos expériences spirituelles sont uniques au monde.

Même celui qui se retire totalement du monde, fût-il au fond d'une vallée de l'Himalaya, reste en contact intérieur avec ses frères et ses sœurs où qu'ils soient dans le monde. Plus il est reclus, plus il demeure en contact intime avec des personnes qui le regardent comme un maître et un ami. Évoquons ici ces lignes si suggestives de Lao-tzu, dans le *Livre de la Voie et de la Vertu* [7] :

« Sans avoir franchi sa porte
Connaître tout sous le ciel,
Sans regarder par la fenêtre
Contempler la Voie du Ciel.
Plus on va loin
Moins on saura.
Les Saints ne voyageaient pas
Pourtant ils étaient renseignés.
Sans avoir regardé
Ils savaient distinguer,
Sans avoir rien fait
Ils avaient tout réalisé. »

Le reclus est ainsi en contact avec le monde entier. L'ermite vit en communion avec des milliers d'autres « solitaires » qui vivent au milieu de l'agitation des grandes villes. Ce contact avec des milliers de chercheurs de Dieu fait que même le plus reclus des reclus réalise que son chemin n'est pas l'unique chemin. Son expérience ne lui paraît pas merveilleuse au point qu'il ne puisse en concevoir une autre. Si je crois que mon expérience est « l'expérience », que ma voie est « la voie », jamais je ne serai un bon guide spirituel. Or nombreux sont ceux qui ne comprennent pas que d'autres suivent d'autres chemins. Ils voudraient que tout le monde emprunte le leur. Peut-être manquent-ils de sécurité. C'est pourquoi ils souhaitent convaincre de marcher à leurs côtés. Le maître véritable peut marcher seul. S'il cherche des disciples ce n'est pas pour se rassurer lui-même. Plus il connaît l'unicité de son propre chemin, plus il admet que les autres suivent leur propre voie.

Par ailleurs bien des gens se guérissent de leurs propres déficiences en aidant les autres. Ils se rassurent eux-mêmes en rassurant les autres, car la direction qu'ils offrent les fait sortir de leur subjectivité. Mais il demeure que les meilleurs directeurs sont ceux qui ont résolu leurs problèmes personnels, et peuvent confronter ceux des autres avec une totale liberté.

Il est donc nécessaire que celui qui désire aider les autres, vive intensément sa propre expérience et qu'il aille jusqu'au bout de celle-ci. Qu'il accepte d'aller de l'avant, quitte à se trouver un jour absolument seul avec son Dieu. Or pour aller au bout de notre expérience il nous faut du temps, des mois et des années. Et sur ce chemin il y a des « temps », des étapes en nombre infini.

Le premier temps est celui de l'expérience faite délibérément, en suivant une méthode donnée. Il correspond à la période d'initiation et de formation. Pendant cette période on se laisse instruire et guider. Le but est de se mettre en route pour trouver Dieu. Il faut alors oublier toute autre considération, comme, par exemple, vouloir utiliser immédiatement cette expérience pour l'apostolat. L'expérience doit être faite dans toute son intensité, en toute liberté d'esprit, pour elle-même. Nombreux sont ceux qui ne peuvent « méditer » l'Écriture qu'en pensant au prochain sermon ou au prochain échange spirituel. Une telle méthode est très utile, mais elle risque de fausser les perspectives de la prière. On ne se met pas en relation avec Dieu pour autre chose que pour cette relation. L'utilitarisme en matière d'expérience spirituelle produit des fruits qui ne mûrissent jamais complètement. Il est donc bien préférable de vivre la relation à Dieu sans autre but qu'elle-même. Dieu peut alors se manifester à nous comme il le désire et notre expérience prend une profondeur étonnante.

Le second temps est celui de la considération. Saint Ignace conseille de s'asseoir après la méditation ou la contemplation pour examiner comment on a prié, et quel fruit nous en avons retiré. C'est en faisant lui-même ces considérations, que saint Ignace en est arrivé à formuler ses fameuses règles pour discerner le mouvement des divers esprits. Ce second temps ne peut se réaliser que par une prise de distance par rapport à sa propre expérience. Ce n'est plus le moment de continuer à se laisser emporter par de merveilleux sentiments. Il faut doucement revenir du troisième ou du quatrième ciel... et essayer de voir ce qui est arrivé, quel chemin nous avons pris à l'aller et aussi au retour. C'est le moment de laisser s'apaiser le feu qui a fait bouillir notre cœur, et de revenir au calme. Si quelqu'un fait cela pendant des années, son expérience s'approfondira sans fin et il deviendra un maître capable de comprendre et d'aider les autres.

Il n'est donc pas suffisant de vivre son expérience pour elle-même, il faut être capable de la comprendre. Pour cela il faut en suivre le développement pendant de longues années. D'où l'importance des notes gardées un certain temps. Une expérience ne se comprend pas totalement en dehors d'une histoire, qui est mon histoire personnelle. Dans ce domaine il n'y a pas de discernement instantané. C'est bien ce qu'avait compris la Vierge Marie qui gardait dans son cœur tout ce qui lui était arrivé. Peu à peu elle en comprenait le sens et la portée.

La formulation de l'expérience

Depuis quelques années les livres sur la vie spirituelle abondent. Certains sont la relation et la description d'expériences. Ces ouvrages sont extrêmement utiles car ils introduisent les lecteurs à des expériences autres que les leurs. Il arrive bien souvent que quelqu'un qui n'arrivait pas à exprimer sa propre expérience, la trouve décrite dans un de ces livres. Il pourra même écrire à l'auteur et lui dire : « En lisant votre livre je pouvais dire que vous l'aviez écrit pour moi. Merci, car ce que vous décrivez, c'est ce que j'ai vécu, mais je ne savais pas comment le dire. Il y a même bien des points de mon expérience que je n'arrivais pas à me formuler. Maintenant je me comprends mieux et je vois comment le Seigneur me conduit. »

Certes, il y a ici le risque de s'identifier au directeur, à l'auteur ou au saint préféré. Mais il ne faut pas s'alarmer outre mesure, car si l'attachement au directeur demeure, l'attachement à un saint ou à un auteur change au rythme des années. Ce qui fait la valeur d'un ouvrage spirituel c'est qu'il exprime pour quelqu'un l'expression de l'action de Dieu à tel moment de son existence.

La plupart des ouvrages des grands mystiques sont de ce genre. Par la simple description de leurs expériences spirituelles ils sont devenus des guides et demeurent les témoins privilégiés de la vie spirituelle dans le christianisme. Citons sainte Thérèse d'Avila et saint Jean de la Croix. Mais il y en a une multitude d'autres moins connus. Il en est même dont les écrits ont été oubliés pendant longtemps, mais qui sont revenus sur le marché de la littérature spirituelle. Or, ironie de l'histoire, c'est sous l'influence des méthodes orientales de prière, qu'ils ont été redécouverts. C'est le cas, en particulier du *Nuage de l'inconnaissance,* qui a été ainsi remis en honneur depuis que le Zen a fait reprendre conscience que l'on connaît mieux Dieu par la voie du « non-savoir » que par celle du savoir [8].

Les auteurs présentent leur expérience et, en même temps, la systématisent. S'ils sont l'œuvre de grands auteurs, leurs ouvrages ont une valeur inestimable pour guider les âmes. Tout point de doctrine laisse transparaître une grande richesse d'expérience personnelle. Chacun de ces auteurs pourrait dire : « Voilà la doctrine spirituelle que j'ai tirée de mon expérience. Elle peut vous éclairer sur votre propre chemin. Par ailleurs vous ne saisirez la nature de mon expérience que quand vous serez parvenus à réaliser ce qu'est la vôtre. »

Il existe d'autres livres qui sont plutôt des manuels. Ils sont tellement systématiques que l'on a du mal à voir quelle peut être l'expérience de leurs auteurs. Ces ouvrages ont aussi leur utilité et pendant de nombreuses décennies ils ont été très à la mode, jusqu'au jour où s'est fait fortement sentir le besoin de retourner à l'expérience. Si quelqu'un qui a une réelle expérience ne peut écrire autre chose que des manuels de spiritualité, c'est qu'il n'est pas parvenu à intégrer les différents niveaux de sa personnalité. Son expérience est enfouie au fond de lui-même et il reste paralysé quand il s'agit de l'exprimer.

Celui qui se sent appelé à guider d'autres personnes, doit se forger des moyens d'expression. Autrement il lui sera impossible de saisir son expérience et de la communiquer. Celle-ci restera enfouie dans un domaine qui, lui étant inaccessible, restera inaccessible aux autres. Quand je regarde la manière dont le Christ a manifesté son expérience, je suis émerveillé de la richesse de ses moyens d'expression et de leur souplesse. C'est pourquoi il est un maître universel qui, pour cette même raison, n'a enseigné aucune méthode de prière. Son enseignement les contient toutes.

Pouvoir exprimer son expérience est essentiel pour le maître spirituel. Il lui faut y travailler pendant des années et des années, avec une ardeur redoublée, afin d'acquérir un langage capable de décrire l'exprimable et d'évoquer l'inexprimable. Un tel langage doit, avant tout, être évocateur. Dans ce domaine, se livrer à la pure spontanéité donne souvent une illusion de profondeur et ne produit que des banalités. Un langage qui exprime le fond même de l'expérience se forge avec une longue patience. Quand un courant profond monte du fond de l'être sous l'action de l'Esprit de Dieu, il faut le laisser monter, sans le laisser se perdre en sons inarticulés, ou en effusions non contrôlées. Il faut endiguer ce courant pour lui donner de la force, et lui faire trouver son chemin jusqu'au trésor d'expressions caché quelque part en nous dans une région mystérieuse, où l'inexprimable devient mots, images, allégories et... silences. C'est là que, loin de notre contrôle, ce courant profond trouve des tournures, des rythmes verbaux ou écrits qui l'expriment. Cela ne se réalise pas sans souffrance, car il faut que le courant profond se fasse un chemin jusqu'à cette banque d'expressions qui est toujours en attente. Ainsi se réalisera ce miracle que l'inexprimable trouve son expression, non seulement dans des mots, mais dans un être humain. Dieu lui-même connaît ce problème, lui qui, ayant d'abord parlé d'une manière mystérieuse au fond du cœur de tout être humain, s'est ensuite manifesté en paroles par les prophètes, pour finalement se dire en son Fils (He 1,1-2).

3. Le maître et les limites de son expérience

Il n'y a qu'un seul maître le Christ, comme il le dit lui-même (Mt 23, 6-10). C'est pourquoi tout guide spirituel doit humblement reconnaître qu'il a ses limites. Personne, s'il est vraiment un maître, ne doit se croire et encore moins se dire capable de guider ou d'accompagner tous ceux qui viennent à lui. Le vrai maître n'a aucune prétention. C'est par expérience qu'il découvre qu'il peut guider. Il ne devra donc pas être surpris si des personnes venues frapper à sa porte, ne sont pas revenues. Elles sont venues voir, mais elles n'ont pas trouvé le guide qui leur convenait.

La raison profonde de tout cela, est que toute expérience spirituelle est limitée. Il y a des écoles de spiritualité. Les uns sont plus à l'aise dans la spiritualité franciscaine, d'autres dans la spiritualité ignatienne. Grâce à Dieu, il y en a pour tous les goûts et l'on peut toujours créer de nouvelles écoles. Le Seigneur en suscite constamment et cela durera jusqu'à la fin des temps. C'est ainsi que l'on a vu surgir la spiritualité de Thérèse de Lisieux, celle du Père de Foucauld, celle de Mère Thérèse de Calcutta, et tant d'autres qui sont en train de prendre corps, spécialement sous l'influence des méthodes orientales.

Ouverture en surface

On rencontre deux sortes de guides spirituels. Les uns ont

une connaissance très étendue de la spiritualité. Ils savent un peu de tout et peuvent conseiller et guider un grand nombre de personnes. Ils ont assez d'expérience et de bon sens pour être de bons guides, prudents et suffisamment éclairés. Ils ont probablement beaucoup lu et bien étudié. Mais leur expérience peut manquer de profondeur. Quelqu'un qui chemine hors des sentiers battus ne trouvera pas auprès de tels directeurs toute l'aide désirée. Ceux-ci voudront le ramener sur les chemins de tout le monde, car ils n'en connaissent pas d'autres. Or ce que redoute le plus quelqu'un qui se trouve faire une expérience spirituelle peu commune, c'est de n'être pas compris et d'être traité de prétentieux ou d'illuminé. Peut-être l'est-il en effet, mais encore n'acceptera-t-il de le reconnaître que si celui qu'il consulte montre qu'il a une expérience qui l'autorise à en juger ainsi.

Ce que répandent les manuels n'est souvent pas autre chose que le B.A.ba de la vie spirituelle. Or il faut de tels ouvrages, car le monde contient plus de débutants que d'avancés dans les voies spirituelles. Mais si l'auteur de tels manuels a lui-même une profonde expérience il saura bien le laisser paraître. Tout en écrivant pour beaucoup, il saura, tout au long de son exposé, placer des signaux qui inviteront ceux qui le désirent, à sortir des sentiers battus. Ceux qui préfèrent rester sur le grand chemin y feront à peine attention, mais ceux qui ont déjà une expérience plus profonde, les verront immédiatement, sans qu'ils aient besoin d'être peints en couleurs voyantes.

C'est sans aucun doute la marque d'une grande expérience spirituelle que de savoir, à partir d'un enseignement très simple sur la vie, aiguiller vers des expériences plus profondes. Cela signifie que le guide lui-même est allé voir où mènent tous ces sentiers qui de chaque côté de la grand-route s'enfoncent dans les bois ou dans les vallées. Il suffit souvent d'une remarque, d'un mot, d'une incise, pour orienter l'esprit de quelqu'un vers une nouvelle expérience spirituelle ou lui faire comprendre, qu'en allant dans cette direction, il trouvera la solution d'un problème qui le préoccupe.

Il est nécessaire que le guide ait une connaissance globale de la vie spirituelle dans la tradition chrétienne. Ce sera pour lui une grande sécurité que d'avoir parcouru cette expérience dans tous les sens, dans le temps et dans l'espace. Il lui faut donc avoir une connaissance des grands courants de la spiritualité chrétienne au cours des âges. Mais celui qui aura fait de telles études aura peut-être du mal à s'en dégager pour se faire totalement attentif à ceux qu'il dirige. Nous nous trouvons ici en face du problème universel du cerveau rempli de tant de choses que l'intuition en est bloquée et aussi, trop souvent, la capacité d'être tout attentif à l'autre.

Sainte Thérèse d'Avila disait qu'elle préférait un directeur plus instruit mais moins vertueux à un directeur plus saint mais ignorant ; traduisons : il ne suffit pas d'être, comme on dit, un saint homme pour être un bon directeur. Il faut aussi avoir acquis une science de la vie spirituelle. Rien n'est plus pénible, en effet, que de tomber sur un ignorant. Cet ignorant est le plus souvent quelqu'un qui n'ayant jamais réfléchi à sa propre expérience est incapable d'aider les autres à réfléchir sur la leur.

Mais ici, il ne faut pas blâmer trop vite. Si par exemple, quelqu'un est appelé à une expérience de la présence divine au plus profond de lui-même, et qu'il se trouve entouré de personnes qui sont toutes « extraverties », tournées vers l'extérieur, ce pauvre « introverti » ne trouvera personne qui l'écoute et encore moins le comprenne. Personne ici n'est à blâmer, car chacun vit sa propre vie spirituelle à sa manière, selon son tempérament et selon sa formation. Celui qui vit sa vie spirituelle tourné vers l'extérieur aura du mal à comprendre celui qui la vit tourné vers l'intérieur, et vice versa. Or le maître spirituel lui, doit être capable de comprendre suffisamment et les uns et les autres.

Ouverture en profondeur

Il est relativement facile d'expliquer ce que l'on entend par l'étendue de l'expérience, car l'étendue implique quelque chose de mesurable, mais la profondeur, qui peut la mesurer ? C'est pourquoi un même ouvrage sera jugé très profond par l'un et absolument creux par l'autre. Celui qui vit en surface et tourné vers l'extérieur aura bien du mal à trouver de la profondeur chez les autres. Il jugera profond ce qui le touche, ce qui l'émeut. Il prend pour de la profondeur ce qui n'est en fait que de l'intensité émotive. Si telle est sa norme ou sa jauge, il est incapable d'apprécier la profondeur.

Quand je dis que je suis profondément touché, il s'agit d'ordinaire de l'intensité de l'émotion. C'est effectivement une profondeur, mais qui demeure superficielle au regard d'une autre profondeur que seule une intuition peut nous révéler. Telle est la profondeur de certaines paroles de l'Évangile qui nous font entrevoir un mystère qu'aucune intelligence humaine ne peut sonder. La parole du Christ à Nicodème : « Il faut renaître », a cette profondeur. C'est pourquoi elle désarçonne Nicodème qui, tout perdu, demande : « Comment un homme de mon âge pourrait-il rentrer dans le sein de sa mère et renaître ? » (Cf. Jn 3,4). Justement, le Christ a voulu mettre Nicodème face à une réalité que l'esprit de l'homme ne peut sonder.

L'expérience de la profondeur est une expérience relative et je puis la faire à différents niveaux. Si je suis habitué à méditer en faisant usage de ma mémoire et de mon raisonnement, je puis tout à coup avoir l'intuition d'un mystère. J'aurai soudain l'expérience d'une profondeur que je ne puis mesurer. Si, habitué à prier d'une manière un peu formelle, je suis saisi par un sentiment qui jaillit au fond de mon cœur, j'aurai fait là une expérience d'une profondeur jamais réalisée au niveau cérébral. Si, habitué à vivre mon expérience spirituelle au niveau émotif, je suis comme attiré au fond de mon être, j'aurai fait là l'expérience d'une indicible profondeur. Mais je ne suis pas encore arrivé à l'ultime profondeur. Je puis, en effet, être attiré plus profond encore, comme au-delà de mon être le plus intime, et saisi par Dieu. Au-delà de ma propre profondeur je suis alors entraîné dans celle de Dieu.

Or il est essentiel que le maître spirituel ait fait et refait cette expérience qui conduit de profondeur en profondeur. Je pourrais tout aussi bien dire de hauteur en hauteur. Il n'est pas sans conséquence que Paul ait été entraîné dans les hauteurs de Dieu. Paul est bien incapable de dire ce qu'il a vu et expérimenté quand il était transporté au troisième ciel. Peu importe, il en a rapporté une sagesse qui émanait de Dieu et lui donnait l'intelligence des choses divines. C'est justement une expérience au-delà de toute expression humaine qui donne une telle force aux écrits des saints. Si l'on compare le texte des *Exercices* de saint Ignace avec son expérience personnelle on découvre comment tout ce qu'il dit dans ces *Exercices* est le fruit d'expériences dont certaines plongent dans le mystère même de Dieu. Et pourtant le texte qu'il nous a laissé est si dépouillé que certains n'y voient aucune profondeur et le suivent comme une simple méthode. Mais, suivez cette méthode et, dans l'expérience qu'elle vous aide à réaliser vous comprendrez la profondeur de son expérience. Plus l'expérience que vous ferez sous sa direction sera profonde plus vous entreverrez la profondeur de la sienne.

Le retour à la simplicité

L'un des problèmes que rencontre le maître spirituel dans sa propre formation vient de la complexité même de son expérience. Pendant des années, il lui faut se débattre pour la tirer au clair et pour la maîtriser. Il est lui-même entraîné dans des états intérieurs difficiles à identifier. Pour s'exprimer, il est tenté de se forger un vocabulaire compliqué. C'est probablement qu'il essaie d'exprimer conceptuellement ce qui ne peut que se décrire. Or ce n'est qu'après bien des années qu'il saura saisir son expérience dans sa simplicité et la décrire avec limpidité.

Si une expérience spirituelle est vraiment humaine elle doit pouvoir se dire d'une manière dépouillée. Les grands mystiques en arrivent toujours à une grande simplicité d'expression. Ils se créent un langage qui colle à leur expérience. Tout est devenu simple pour eux, pour ceux qu'ils dirigent et pour ceux qui les lisent. Le plus parfait exemple de cette simplicité est certainement l'Évangile. Le Christ n'avait pas à se faire valoir. Il n'avait pas à jouer au grand maître, ce qui aurait été de la pure comédie. Chez lui pas de mise en scène, pas de jeu du mystère ou de l'attente, mais la manifestation de lui-même dans son étonnante simplicité.

Cette simplicité du maître ne doit pas être affectée. Elle doit être totale vérité. C'est pourquoi il lui faut constamment confronter l'expression de son expérience avec celle-ci. Ainsi sera-t-il certain que ce qu'il exprime correspond à la réalité de ce qu'il vit. Or cette authenticité de l'expression ne s'acquiert pas en un jour. Il faut constamment s'y exercer.

Ceux qui ont acquis une certaine expérience intérieure ont vite fait de juger si ce que dit leur guide spirituel est vrai, au sens où nous l'entendons ici. Cette question de la sincérité est tellement importante qu'il faudra y revenir quand nous parlerons plus spécifiquement de la relation du maître avec ses disciples. À mesure que l'un et l'autre avanceront, la communication sera plus simple, plus directe et plus totale, et demandera beaucoup moins de paroles.

4. Le don
de discernement

Pour être un bon maître spirituel, il faut avoir la science, l'expérience et le don de discernement. Quelqu'un qui connaît parfaitement l'histoire de la spiritualité et les méthodes de prières peut être un piètre directeur s'il lui manque le discernement. Il existe aussi des gens qui sont des inspirateurs, mais non des guides au sens où nous l'entendons ici. Tout ce qu'ils demandent c'est qu'on les suive en toute confiance, et parfois même aveuglément. Or ce n'est pas là l'obéissance aveugle dont parle saint Ignace, car cette dernière est toute baignée de la lumière divine de la foi. Elle est, en effet, obéissance non pas à un homme mais à Dieu.

Rectitude du regard

Le guide dont nous allons parler est là, non pour lui mais pour celui que nous appellerons le disciple. Même si ce disciple vient pour être initié à une méthode de prière, le maître ne doit jamais oublier qu'il le suivra à son propre rythme, à son propre pas, et d'une manière tout à fait personnelle, en accord avec son tempérament. Le maître ne doit donc pas cataloguer immédiatement son disciple, et encore moins prétendre le connaître jusqu'à la moelle de son esprit. Le fond de la personnalité est toujours unique. C'est un point que le maître ne doit pas oublier. Autrement il n'arrivera jamais à la rectitude du regard qui lui est demandée.

La première qualité du regard sera donc l'objectivité, c'est-à-dire la rectitude de l'attention. Le Christ avait en perfection cette objectivité et cette rectitude. Il n'avait pas besoin qu'on lui dise ce qui était dans l'homme. Il perçait les cœurs et voyait les consciences, non au travers d'un système élaboré comme l'était la Loi, mais d'une manière droite, claire et directe. Dans ce domaine, nous devons tous faire nos classes. J'avoue que personnellement j'ai depuis long-temps été profondément influencé par ce que le Bouddha appelle l' « octuple chemin » qui conduit à la mort du « désir » et donc à la libération : regard juste, c'est-à-dire droit, pensée juste, etc. Le qualificatif « droit » ou « juste » revient ainsi huit fois. Pour le Bouddha il s'agit là de recti-tude et de sincérité dans le regard, dans la pensée, dans la parole, dans l'action, dans la manière de vivre, dans l'effort, dans l'attention et dans la concentration de l'esprit. Pour-quoi ne pas dire : Bienheureux ceux qui sont ainsi justes et droits, ceux qui ne se laissent pas guider par des systèmes artificiellement élaborés.

Ce qui est demandé au maître spirituel, c'est d'abord une connaissance de ce que l'on peut appeler la « géographie » du monde spirituel. Ainsi pourra-t-il mieux discerner les déviations et les erreurs de parcours. Il pourra, par exemple, dans les cas des méthodes orientales, juger ce qui est compa-tible avec une démarche chrétienne et ce qui pourrait entraî-ner hors du chemin.

Ce que le maître spirituel doit connaître le plus rapide-ment possible c'est l'itinéraire de son disciple et l'endroit où il en est présentement arrivé. Sachant cela il pourra l'aider à discerner quel itinéraire suivre désormais. D'ailleurs cet iti-néraire pour demain est toujours en relation intime avec celui d'hier. Si saint Ignace demande au retraitant de se met-tre dans l'indifférence, il demande au directeur de faire de même pour qu'il puisse reconnaître par quels chemins Dieu conduit celui qu'il dirige. Le directeur qui n'est pas indiffé-rent risquerait de conduire le retraitant sur des chemins qui ne sont pas ceux de Dieu mais les siens. L'indifférence qui lui est demandée ici est aussi grande que celle demandée au dirigé.

La richesse du trésor

Il est des directeurs dont les connaissances ou l'expérience sont trop restreintes. Ils sont alors incapables de comprendre certaines voies spirituelles. Si une religieuse, par exemple, se trouve appelée à une forme de prière plus personnelle et plus profonde, elle peut avoir du mal à se faire comprendre du prêtre qui est le confesseur de sa communauté. Souvent il lui sera difficile de trouver quelqu'un qui l'aide. Ce n'est pas que l'Église soit pauvre en doctrine spirituelle, c'est simplement que nous ne connaissons pas ses trésors et que même, parfois, nous n'avons pas le courage de nous en approcher.

Le discernement suppose de la part du directeur une réelle connaissance de la tradition chrétienne. Quelqu'un qui ne connaît comme méthode de prière que la lecture de l'Écriture dans le contexte de sa vie quotidienne, risque de la lire superficiellement et même de travers. Il ignorera la richesse des interprétations données au cours des âges. Un peu de cette connaissance de la tradition nous ferait prendre conscience que les problèmes des temps modernes ont déjà été, autrefois, des problèmes « actuels ».

Quelqu'un qui ne connaît que les méthodes toute simples de méditation et qui est persuadé que c'est la seule manière d'entrer dans la connaissance du mystère divin, se prive par exemple de la richesse des méthodes dites apophatiques qui nous mettent en état de pauvreté devant le mystère. Ces méthodes nous rappellent qu'aucun mot, aucune idée, aucun concept ne peuvent nous donner une idée adéquate du mystère. Ceux qui s'opposent systématiquement aux méthodes inspirées du Zen, se privent ainsi de la richesse des méthodes similaires familières aux mystiques chrétiens. Un des grands témoins de la démarche apophatique est *Le Nuage de l'inconnaissance,* qui emboîte le pas à Denys l'Aréopagite [9].

Le mouvement moderne qui porte tellement de gens à se tourner vers les religions orientales pour y trouver des méthodes de prière a pour effet de rappeler aux directeurs spirituels et aux fidèles que l'Église a enfoui une bonne part de son trésor spirituel par peur des déviations. On a trop voulu ramener les fidèles à des normes de vie intérieure facilement contrôlables et à une conception très rationnelle de la vie spirituelle. Or ce trésor trop longtemps enfoui est en train de reparaître en surface et beaucoup s'en nourrissent avec joie. C'est à partir de la conscience qu'il a de cette richesse infinie que le maître doit discerner la vocation d'une personne à suivre telle ou telle voie spirituelle.

Face à l'afflux de méthodes de prière, venues de l'Asie pour la plupart, certains ont vite fait de dire : « Ces méthodes ne sont pas chrétiennes. » Or si l'on retourne à l'Évangile, il nous faut bien constater que le Christ n'a pas enseigné de méthodes proprement dites. Il a enseigné des attitudes de prières et en a esquissé le contenu. On nous dit du Christ qu'il se retirait dans la montagne pour prier. Là il vivait, par tout son être, sa relation à son Père. En méditant ? Je ne le pense pas. Simplement il vivait cette relation. Or c'est à cela que doit aboutir toute prière, à vivre sa vie de relation à Dieu. Tout le reste n'est que moyens, méthode et chemins.

Les premières communautés chrétiennes avaient gardé bien des habitudes juives de prier. Les chrétiens de saint Paul, qui priaient en langues, n'ont pas inventé ces formes de prière. Ils les ont certainement apportées avec eux quand ils sont entrés dans les communautés chrétiennes. Dans le paganisme le parler en langues ou en gestes est très courant à l'heure actuelle. Il suffit de visiter certains temples à Taiwan pour s'en convaincre. Celui qui parle ainsi se dit en communication avec un esprit dont il est l'interprète. Dans le christianisme ce n'est plus d'un esprit ou d'une divinité que le fidèle se fait l'interprète. Il parle sous l'action de l'Esprit divin, dont il reçoit l'inspiration.

Si l'on considère ainsi l'ensemble des méthodes de prières

en usage dans le christianisme, on constate que les chrétiens n'ont rien inventé. Mais ce qu'ils ont « inventé », si je puis ainsi parler, c'est d'utiliser ces méthodes dans les perspectives de la révélation faite par le Christ. C'est ainsi que nous voyons le Christ répéter sans fin la même prière au jardin des Oliviers. Or nous savons bien que cette méthode de répétition est une des formes de prière les plus courantes dans les religions orientales. Elle a pour effet de centrer toute l'énergie spirituelle sur un point très précis. Peu à peu toute l'attention se concentre en ce point le plus profond de notre être où nous touchons Dieu. Ce n'est pas sans raison que le Christ s'est servi de cette méthode pour amener son vouloir à une conformité totale au vouloir de son Père. Tel est le sens des « mantra », ces paroles répétées indéfiniment dans l'hindouisme, dans le bouddhisme et dans d'autres traditions religieuses. L'important, ce n'est pas la méthode elle-même mais l'usage que l'on en fait et l'attitude du cœur et de l'esprit quand on l'emploie.

Ce n'est pas concordisme que de comparer la répétition de la même parole par le Christ aux « mantra », c'est simplement mettre en lumière que des actes humains semblables peuvent avoir une signification différente, car ce qui donne le sens aux mantra c'est la « foi » de celui qui les emploie. Celui qui répète une formule peut simplement chercher à se convaincre lui-même ou à s'hypnotiser. Le Christ répète la même formule pour amener son vouloir à ne faire qu'un avec celui de son Père. Rapprocher sa répétition de l'usage des mantra c'est reconnaître qu'il était vraiment homme et faire écho à l'*Épître aux Hébreux* qui nous dit du Christ : « C'est lui qui, aux jours de sa chair, ayant présenté, avec une puissante clameur et des larmes, des implorations et des supplications à celui qui pouvait le sauver de la mort, et ayant été exaucé en raison de sa piété, tout Fils qu'il était, apprit, de ce qu'il souffrit, l'obéissance » (Héb 5,7-8).

Pour juger de l'intention profonde qui anime celui qui emploie quelque méthode que ce soit le directeur doit lui-même avoir l'Esprit de Dieu. Quelqu'un peut en effet s'en tenir à une méthode de méditation, car il y trouve une sécurité humaine qu'il n'aurait plus s'il se mettait simplement en silence devant Dieu. Un autre peut chercher une méthode très simplifiée de prière parce qu'il veut se persuader ainsi qu'il entre dans la voie d'une prière mystique. C'est là que le directeur spirituel doit demander à Dieu de lui faire part de sa propre sagesse. Mais ce jugement à la lumière de l'Esprit divin sera grandement aidé si le directeur a une vraie connaissance des traditions spirituelles du christianisme et des autres religions.

Discernement au niveau de l'esprit

Nous avons un problème en Occident quand nous parlons de l'esprit car nous avons l'habitude de le mettre au niveau cérébral, alors qu'il est au niveau de la vie. Quand le Christ dit que ses paroles sont « esprit et vie », il me semble qu'il ne parle pas de deux choses différentes, car l'esprit c'est ce qui donne la vie.

Le discernement ne doit donc pas se faire au niveau des structures et des préceptes, bien qu'il ne faille pas les exclure, mais au niveau du vouloir profond qui est en moi l'expression du dynamisme de l'esprit. Le discernement final vient donc d'un jugement qui n'est pas uniquement d'ordre logique, ou émotif, mais qui est une prise de conscience, au plus profond de mon être, de la relation entre ce que je vis et ce que je sais être la « voie » de Dieu. Cette reconnaissance est le fruit d'une convergence de témoignages et d'indices, qu'il m'est difficile d'analyser. S'il faut lui donner un nom, je crois que l'on peut l'appeler le « sens de Dieu ».

Or seul l'Esprit de Dieu qui connaît ses voies peut me donner ce sens de Dieu dont j'ai besoin pour reconnaître son action dans les autres. Ce sens de Dieu est fait de science et de sagesse. Ce don que j'ai de juger de son action en moi, devient le don de conseil qui est spécialement ordonné à la direction spirituelle. Dans sa Lettre aux Éphésiens, Paul ose dire : « Vous pouvez constater, en me lisant, quelle intelligence j'ai du mystère du Christ » (Ép 3,4 ; 1 Co 2,16).

Le mystère dont Paul a le sens, c'est d'abord la révélation faite aux païens ; mais l'intelligence qu'il a du mystère du Christ ne se limite pas au plan de l'économie. La fin du chapitre 3 de l'*Épître aux Éphésiens* nous introduit en effet dans « l'amour du Christ qui surpasse toute connaissance pour nous faire entrer dans toute la plénitude de Dieu » (Ép 3,19). Or le lieu de cette connaissance de Dieu, par le Christ, c'est « l'homme intérieur » transformé par la foi et par l'amour (Ép 3,16-17).

Si nous lisons Paul à cette lumière, nous voyons quel sens il avait de l'action de Dieu dans ses fidèles. Son discernement sur les charismes et leurs effets est une merveille. Il dit bien de ne pas éteindre l'Esprit, mais cela ne l'empêche pas de remettre à leur place et les dons et ceux qui les ont ou prétendent les avoir. Ce qu'il nous transmet ce n'est pas une catéchèse sur les dons et les charismes, mais un discernement qui tranche dans le vif. Il n'hésite pas à dire ce qu'il pense, et, finalement, il dépasse les horizons limités du débat pour exhorter tout le monde à la charité, vertu dans laquelle il n'y a pas d'excès à craindre.

Celui qui a acquis une vaste connaissance de la spiritualité, et une profonde expérience, se tient toujours au centre de lui-même. Il a atteint un tel degré d'intégration qu'il peut porter son regard dans toutes les directions et percevoir toutes les situations avec justesse et profondeur. À ce niveau, il est lui-même libre de préjugés et de jugements tout faits. Il a une personnalité très riche et parfaitement équilibrée. Point ne lui est besoin de beaucoup d'explications pour comprendre sur quel chemin marche la personne qui vient le voir. Il a bien vite l'intuition du chemin qu'elle suit et de l'état présent de son expérience. C'est un des dons les plus remarquables chez les grands maîtres du Zen que leur aptitude à saisir, par-delà les paroles, et même sans elles, le cœur de l'expérience du disciple. Tout maître spirituel peut acquérir cette faculté d'intuition qui va de pair avec l'approfondissement de sa propre vie intérieure. Nous comprenons les autres à la profondeur où nous vivons nous-mêmes. Et nous ne pouvons saisir l'action de Dieu en eux que dans la lumière d'une sagesse qui émane d'auprès de Dieu et non pas de nous-mêmes.

5. Aide psychologique et spirituelle

Depuis quelques années les méthodes psychologiques de retour à l'intériorité et de prise de conscience de soi se sont répandues dans les milieux chrétiens avec une rapidité étonnante. Or le résultat n'a pas toujours été merveilleux. Certains ont fait une telle confiance à ces méthodes qu'ils ont perdu de vue l'aspect spirituel de leur existence. Beaucoup ont, à cause de cela, oublié le rôle de la foi dans leur vie. Un grand nombre de prêtres, de religieux, de religieuses y ont perdu le sens de leur vocation. Ce qu'il faut blâmer ce ne sont pas tant les méthodes que la manière dont elles ont été présentées et utilisées. Tout est question de perspective. Les méthodes psychologiques ont leur place et leur rôle dans la démarche intérieure, mais elles ne sont finalement qu'une « entrée » dans le monde spirituel et une approche de celui-ci.

Par ailleurs bien des personnes cherchent un remède uniquement spirituel à leurs problèmes, alors qu'il leur faudrait d'abord accepter une aide psychologique. Qu'on le veuille ou non la grâce divine se fraye son chemin au travers de toutes les couches de notre univers psychique.

J'entends donc ici par aide spirituelle, cette aide qui tient compte objectivement et spécifiquement des motivations de foi, ou de la relation à Dieu. J'entends par aide purement psychologique celle qui ne fait jamais intervenir ces motivations. Si j'ai un problème de chasteté, je puis aller voir un psychologue qui ne fera jamais intervenir d'autres considérations que des explications ou motivations psychologiques, sans tenir compte, par exemple, que j'ai voué ma chasteté dans le célibat. Pourtant ce vœu qui appartient au domaine spirituel a une influence déterminante sur mon comportement psychologique. Il n'est donc pas raisonnable d'en rester sur ce dernier plan alors que ma vie elle-même est toute influencée par cette promesse que j'ai faite à Dieu. Le directeur spirituel ne doit donc pas être pour moi un simple conseiller psychologique, puisque la dimension spirituelle est essentielle dans ma vie personnelle.

Réalité de la dimension spirituelle

Peut-être est-il nécessaire de voir un peu clairement ce que l'on entend par dimension spirituelle de l'expérience humaine. Aucune expérience ne se réalise en dehors de ma réalité. Même si je suis en extase, apparemment hors de moi-même, je suis encore en moi-même. Il m'est impossible de sortir totalement de cette réalité que je suis. Si je suis en extase, c'est « moi » qui suis en extase. Je suis à la fois en moi, et hors de moi. Si j'étais totalement hors de moi, ce ne serait plus « mon » expérience. En conséquence les expériences que font de l'absolu, de l'infini ou de Dieu, des personnes différentes ne peuvent pas être totalement semblables. L'absolu, quel que soit le nom que je lui donne est un, mais il est différemment saisi par un bouddhiste, un hindou, un chrétien, car l'expérience implique une relation entre deux termes. L'un des termes que j'appellerai « l'objet » est identique, mais l'autre, « le sujet », est différent. Nous avons ainsi une infinie variété d'expériences de l'Unique.

Il faut bien entendre ici ce que signifie que l'objet est unique. Il est unique, mais la perception qu'en ont les fidèles des différentes religions n'est pas identique en ce sens que leur connaissance est plus ou moins profonde. Ainsi, dans la plupart des traditions philosophiques et religieuses, Dieu est perçu comme impersonnel, mais dans le christianisme, grâce à la révélation que le Christ en a fait, il est « connu » comme le Dieu Trine. Les différences entre les expériences religieuses ne sont donc pas d'ordre psychologique, mais de l'ordre de la foi. C'est la foi qui donne une « forme » à cet Unique qui surpasse toute connaissance.

La dimension spirituelle c'est, dans l'expérience humaine, la perception, la présence ou l'action de cet Unique que j'appelle Dieu, l'Esprit ou l'Absolu. Cette réalité qui est présente au cœur et à la racine de mon être, est ce qui donne une dimension spirituelle à mon existence. Elle se manifeste non pas au-delà de ma réalité humaine mais au cœur même de celle-ci. Cette Réalité spirituelle, je puis la considérer comme source de mon existence ou comme pouvoir immanent qui me porte vers le but de celle-ci. Ce pouvoir immanent à mon être humain se manifeste en mon corps, en ma sensibilité, en mon intelligence. Il est partout présent, tellement présent qu'il faut une acuité extraordinaire de vision pour le distinguer des composantes physiques, psychologiques et intellectuelles de ma personne dans sa réalité concrète.

Ne voir le composé humain qu'à partir de sa dimension spirituelle est aussi insuffisant que de le voir uniquement dans la perspective psychologique. Il faut donc harmoniser les deux. Il faut par ailleurs réaffirmer l'autonomie de la réalité humaine, physique, psychologique et intellectuelle. Cette réalité, tout en étant le fruit de l'esprit et du pouvoir divin, n'en est pas moins « autonome », relativement, il est vrai, mais réellement. Dieu nous a ainsi faits, pour que nous ayons notre autonomie, en dépendance de son Esprit. Nier cette autonomie, si relative qu'elle soit, peut entraîner dans de graves aberrations. Si quelqu'un se croit tellement en dépendance de l'Esprit que celui-ci l'anime directement, il néglige toute la partie psychique de son expérience. L'Esprit, sauf peut-être dans de très rares exceptions, n'agit pas aussi directement. Croire que cela arrive à tout bout de champ est s'exposer à prendre pour des inspirations de l'Esprit des actions, des paroles, des pensées qui sont autant et même plus le fruit de l'inconscient personnel ou collectif que de l'Esprit Saint.

Dieu n'a pas l'habitude de manifester son action en réduisant à rien nos mécanismes psychologiques. L'important est donc de reconnaître que le psychique est tout imprégné de spirituel et le spirituel tout enfoui dans le psychique. Voir les choses autrement, c'est fausser la réalité, soit en voyant tout comme psychique ou au contraire, en considérant tout comme spirituel. C'est ici que le directeur doit faire preuve de cette sagesse que saint Paul manifeste constamment quand il discerne et juge tout ce qui se passe dans ses communautés chrétiennes ou dans chaque fidèle en particulier.

Pour comprendre le problème dont il est ici question, il est utile d'en revenir à la structure de l'être humain. Ne le voir que composé d'un corps et d'une âme, c'est le voir plutôt divisé qu'uni en une synthèse harmonieuse. Il faut le voir comme unité et harmonie du corps, de l'âme, élément psychique, et de l'esprit. C'est la division paulinienne sousjacente à sa vision de l'homme. C'est ainsi qu'il écrit aux Thessaloniciens : « Que le Dieu de paix lui-même vous sanctifie totalement, et que votre esprit, votre âme et votre corps soient parfaitement gardés pour être irréprochables lors de la venue de notre Seigneur Jésus Christ » (I The 5,23). C'est cette division que nous trouvons dans *Le Château intérieur* de Thérèse d'Avila, dans le Yoga, dans la déclaration des évêques d'Asie réunis à Calcutta en novembre 1978. Cette division tripartite est le présupposé de l'expérience mystique dans la plupart des religions [10].

Thérèse d'Avila nous dit bien clairement que l'âme est une et que pourtant son centre est différent, qu'il faut l'appeler l'esprit. C'est là que Dieu réside. Or la distinction de l'âme et de l'esprit est difficilement perceptible si on aborde cet « esprit » à partir du psychique. La réalité de l'esprit n'apparaît dans sa spécificité qu'à la lumière de l'Esprit divin qui en fait connaître l'identité. C'est bien ce qui est arrivé à Thérèse d'Avila qui n'a perçu cet « esprit » que dans la lumière de Dieu [11]. Or maintenant, je réalise soudain que c'est très probablement à cela que fait allusion l'*Épître aux Hébreux* dans le fameux passage déjà cité qui nous dit de la parole de Dieu qu'elle est « énergique et plus tranchante qu'aucun glaive à deux tranchants. Elle pénètre jusqu'à diviser âme et esprit... » (He 4,12). Aucune science humaine ne peut nous faire réaliser ce qu'est cette distinction de l'âme et de l'esprit, seule la lumière divine peut nous en faire prendre conscience. Cette distinction familière aux mystiques chrétiens a certainement été trop laissée dans l'ombre par la psychologie. C'est ici l'occasion de redire que les psychologues, et aussi les théologiens ont beaucoup à apprendre des mystiques.

Autonomie relative de la dimension humaine

L'être humain, dans sa réalité concrète, est centré dans ce que nous appelons l'âme, c'est-à-dire « moi ». Dieu, en insufflant son Esprit dans l'être humain lui a conféré une autonomie réelle, mais en dépendance de lui-même. Dieu montre bien qu'il a conféré à l'homme une autonomie, quand il lui donne le pouvoir de nommer tous les êtres de la création et de les gouverner. Il lui a aussi donné un libre arbitre et un pouvoir de décision. Mais Dieu n'est pas toujours là pour intervenir, par peur que l'homme ne prenne le mauvais chemin. Ayant ainsi donné à l'homme ce domaine à administrer, celui-ci ne doit pas récuser ce droit et cette liberté.

Les règles du discernement des esprits de saint Ignace dans ses *Exercices spirituels* montrent bien comment les deux dimensions sont imbriquées l'une dans l'autre. Tout l'art du discernement c'est d'abord de distinguer ce qui vient du bon esprit de ce qui vient du mauvais esprit. Les règles de discernement sont fondées sur une psychologie qui, tout en étant très simple, est en même temps très poussée. Ignace sait très bien que les mêmes phénomènes psychologiques peuvent avoir des origines différentes. La joie peut venir du bon esprit, comme elle peut venir du mauvais. Il nous apprend justement à découvrir le mécanisme intérieur de l'action des esprits sur la psychologie humaine. En cela, Ignace est un maître.

L'analyse psychologique d'Ignace est très poussée, mais elle n'est pas simplement analytique ou descriptive. Elle est inductive, en ce sens qu'elle passe de la prise de conscience de l'état d'âme à la cause cachée, qui est précisément l'action des esprits. Sa méthode est remarquable parce que l'analyse y est conduite au niveau de l'expérience humaine. Ignace n'est pas transporté dans un autre monde, mais il reste là où il est, bien engagé dans une expérience humaine de paix, de joie, de tristesse, de dégoût, d'aridité ou de lar-mes. C'est à ce niveau-là que se fait son analyse, car il est convaincu, et avec raison, que tout ce qui se passe en lui est l'effet de ce qu'il appelle le bon ou le mauvais esprit. Le bon esprit est celui qui émane de Dieu, le mauvais celui qui émane de l'ennemi de Dieu et du genre humain. L'anthropo-logie ignatienne est très concrète et suppose une continuelle relation de l'homme avec le monde spirituel. Il est profondé-ment convaincu que nous vivons dans un monde ouvert à l'action de Dieu et du Démon.

Ignace croit que tout se déroule apparemment selon les lois de la psychologie humaine et, en même temps, il est convaincu que celle-ci est influencée par l'action des esprits qui en oriente les mouvements. Il est également convaincu que Dieu est partout présent et agissant, de même l'esprit du mal, mais avec un pouvoir limité. Son but, au cours des Exercices, est de nous aider à saisir comment Dieu et l'Esprit du mal agissent en nous. Il veut non pas nous faire cons-truire un monde illusoire, mais nous faire prendre cons-cience que ce monde de l'expérience humaine est ouvert, dans toutes les directions, aux influences spirituelles. Ainsi au plus intime de l'autonomie de mon activité humaine d'autres forces agissent que la psychologie spirituelle ne peut ignorer. Ne pas en tenir compte serait s'exposer à ne pas comprendre ce qui se passe dans le cœur et dans l'esprit de ceux qui cherchent Dieu.

C'est dans ces perspectives qu'il faut comprendre ce que saint Ignace appelle la « consolation sans cause ». « Seul, Dieu notre Seigneur donne à l'âme la consolation sans cause précédente. C'est, en effet, le propre du Créateur d'entrer, de sortir, de produire des motions en elle, l'attirant tout entière dans l'amour de sa divine Majesté. Je dis : sans cause, sans aucun sentiment ni aucune connaissance préalable d'aucun objet grâce auquel viendrait la consolation par les actes de l'intelligence et de la volonté [12]. » Ce qui est ici dit « sans cause » veut dire en fait « causé directement » par Dieu. Le « sans cause » veut donc dire qui a « une cause unique absolue et totale », hors de notre atteinte. C'est ce que les bouddhistes appellent « cause directe », intrinsèque et essentielle, pour la distinguer des causes indirectes qui ne sont qu'accessoires.

L'aide spirituelle

Le maître spirituel doit comprendre que les remèdes dits spirituels ne sont pas la panacée universelle. Il ne suffit pas de dire à quelqu'un qui a de sérieux problèmes pour garder son célibat : « Priez un peu plus. » C'est vrai, la prière aide en ce sens qu'elle remet dans les perspectives spirituelles les efforts que nous faisons. Mais ces problèmes sont aussi liés à la physiologie et à la psychologie. Il ne suffit donc pas d'essayer de les résoudre par la piété. La piété risque de simplement les couvrir sans donner la possibilité de les résoudre. La prière nous remet en face de la motivation de foi. L'aide psychologique nous fait comprendre comment cette motivation spirituelle est constamment imbriquée dans un complexe psychologique et physiologique. La foi est ici la lumière qui nous éclaire et la grâce divine la force qui nous soutient dans notre effort et nous pousse en avant.

Si le directeur spirituel pense que la personne qu'il dirige a besoin d'une aide psychologique il lui faut l'adresser à un psychologue qui reconnaît l'importance des motivations de foi, autrement, il met cette personne dans une situation dangereuse. Elle risque de perdre de vue le dynamisme spirituel de son existence. En revanche, dans bien des cas, une dose raisonnable d'aide psychologique vaudra mieux que des conseils spirituels.

La prière et la foi font des merveilles car elles donnent motivation et assurance. Mais il leur faut un terrain psychologique assez solide pour pouvoir y prendre appui. Le maître spirituel verra s'il peut lui-même aider la personne sur ce plan psychologique. La plupart du temps une bonne aide spirituelle insérée dans une psychologie toute simple fera mieux que les visites répétées chez un psychologue. Mais ce n'est pas toujours le cas. Il faut alors que le maître spirituel ait l'humilité et la simplicité de reconnaître que sa direction est limitée et qu'il doit conseiller une aide plus technique sur le plan psychologique. Nous nous trouvons ici en face d'un problème très délicat. Une direction trop « spirituelle » sur un fond psychologique fragile peut conduire à des désastres. C'est pourquoi le directeur doit, dans certains cas, envoyer son dirigé ou sa dirigée à un psychologue qui ne soit ni ignorant, ni dédaigneux du spirituel. Par ailleurs, quand la psychanalyse a été poussée si loin que la personne est complètement « démontée », une foi profonde et une motivation appuyée sur cette foi peuvent réintégrer la personne dans son identité. Il ne faut pas oublier que c'est au niveau de l'esprit que l'être humain trouve son unité, et sa liberté. Telle est la doctrine de saint Paul.

Laisser une personne s'embarquer dans des expériences « spirituelles » un peu spéciales si elle n'a pas un psychisme assez solide, c'est l'exposer à bien des déboires. Elle peut alors tomber dans de graves illusions et se croire inspirée de l'Esprit quand elle n'est que dominée par ses émotions ou par ses idées. Tout au long de son histoire, l'Église a eu affaire à des prétendus « spirituels » qui étaient simplement des « illuminés » manquant d'équilibre.

Pour qu'une motivation spirituelle fondée sur la foi puisse prendre racine il faut qu'elle trouve au fond de l'être au moins un petit carré de terrain assez solide pour pouvoir s'y implanter. Autrement tout l'amour de Dieu suffira à peine à donner à cette personne la stabilité dont elle a besoin. Si la stabilité psychologique fait défaut, il peut falloir des tonnes de grâce divine pour compenser les quelques grammes de qualités humaines qui font défaut. Pourquoi, par exemple, faut-il la croix et la bannière pour obtenir de nous un simple acte de bienveillance à l'égard d'une personne qui ne nous revient pas. C'est un immense gaspillage d'énergie spirituelle.

Une grande part de l'attrait des méthodes orientales de prière tient au fait qu'elles offrent une base psychologique à la démarche spirituelle, une base non théorique, mais expérimentale. C'est ainsi que la méthode du Zen produit un apaisement de l'esprit et un recentrement de toute l'activité qui automatiquement remet le psychisme dans un état d'équilibre. Pour cette raison, toutes les méthodes ne sont pas bonnes pour tout le monde, car la structure du psychisme diffère d'une personne à l'autre.

Il est donc très important que le maître spirituel soit très au fait de l'interaction du psychologique et du spirituel. Il pourra ainsi aider ceux qu'il dirige à ne pas évoluer uniquement sur l'un des deux plans mais sur les deux à la fois. Le disciple évitera alors de tout voir dans des perspectives psychologiques ou de demeurer dans un monde tout spirituel. Nombreux sont ceux qui, aux prises avec de graves problèmes psychologiques les enrobent de piété, d'effusions spirituelles et de paroles merveilleuses. Ils se forgent un monde paradisiaque dans lequel il fait bon vivre. Ils peuvent se croire spirituels, et le paraître, mais ce spirituel risque de n'être que de la mousse et du décor.

Le maître doit être capable de discerner si ces états spirituels sont « vrais » ou simplement imaginés et construits. Il doit aussi être capable de discerner les vrais dons spirituels et les grâces plus spéciales. Les maîtres trop peu sûrs d'eux-mêmes risquent de décourager des personnes que Dieu attire vraiment à des expériences spirituelles moins communes. Cela demande de leur part un grand don de discernement et un vrai courage pour prendre leurs responsabilités et rassurer la personne qui vient demander conseil.

Le maître aura souvent à faire comprendre que des grâces un peu plus spéciales ne font pas de nous, pour autant, des êtres supra-terrestres. Sous l'effet de certaines expériences spirituelles nous pouvons nous croire arrivés au but alors que nous venons juste d'entrer dans le mystère de Dieu. Il ne faut pas trop vite nous croire arrivés à la septième demeure du *Château intérieur* de Thérèse d'Avila. Or Dieu, qui nous connaît bien, ajoute, aux grâces spéciales qu'il nous fait, une bonne dose de simplicité et d'humilité.

L'important, c'est que les grâces qui nous sont faites pénètrent doucement dans toutes les fibres de notre être pour les imprégner jusqu'à la moelle. Il faut qu'un jour ces grâces touchent notre vouloir profond et s'intègrent au dynamisme fondamental de notre être. Tant que cela n'est pas réalisé les grâces les plus merveilleuses demeurent inactives dans notre vie de tous les jours. Si je sens que l'éclat merveilleux de la grâce pâlit, cela veut dire d'ordinaire qu'elle commence à pénétrer dans les profondeurs de moi-même. Je puis avoir alors le sentiment que la lumière merveilleuse a disparu. En fait, c'est alors qu'elle commence à devenir mienne. Je verrai ensuite aux fruits qu'elle produira dans ma vie de tous les jours, à quelle profondeur s'est réalisée en moi l'intégration de l'humain et du divin. Le maître spirituel est le témoin de cette intégration. Il doit être toujours très attentif, chez ceux qu'il dirige, à ce que l'on appelle communément la rencontre de la grâce et de la nature. C'est pourquoi il lui faut une expérience personnelle qui le rende capable d'écouter, de comprendre et d'aider.

6. Le progrès et les étapes

Tout en proposant à ses disciples d'être parfaits comme son Père est parfait, c'est-à-dire un idéal que l'on ne pourra jamais atteindre, le Christ apprend à ses disciples à avancer pas à pas. « Si tu veux construire une tour, dit-il en substance, assure-toi que les fondations sont suffisantes pour porter l'édifice, et vois si tu auras de quoi l'achever. Autrement les gens vont rire de toi » (Cf. Mt 7,24-27 ; Lc 6,47-40 ; 14,28-30). Si l'édifice est assis sur le roc il pourra être construit, pierre à pierre, jusqu'à son sommet.

Or, c'est ainsi qu'il a construit son Église. Le roc inébranlable, c'est lui. Il est aussi la pierre d'angle en attendant d'être le sommet de l'édifice. La pierre de fondation, celui qu'il a appelé Pierre, cette pierre humaine, branlante, il l'a bien assise, bien calée, il a laissé ensuite à ses disciples le soin de construire son Église pierre à pierre, brique à brique. Cette construction ne se fait pas de l'extérieur, mais de l'intérieur, par le dynamisme de l'Esprit divin. La pierre de base fondée en Dieu, est vivante ; c'est le Christ lui-même. A chaque fois que l'Église veut grandir, elle doit s'assurer de la solidité de ses fondations divines et humaines avant de reprendre sa croissance dans toutes les directions, profondeur, largeur, longueur et hauteur. Or cela se fait au rythme du temps et aux mesures de l'espace.

Ainsi va la croissance de l'Église, ainsi va notre propre croissance spirituelle. On ne commence pas par l'idéal, parce qu'il est impossible de l'imaginer, de le fixer en paroles ou en visions. Ce n'est donc pas tellement d'avoir un idéal fixé d'avance qui est important. C'est de saisir dans quelle direction nous pousse le dynamisme intérieur qui vient du plus profond de notre être et qui est le fruit de l'Esprit qui vit en nous. Ce dynamisme, il faudra le diriger à la lumière de la foi et de l'expérience, sans le laisser étouffer par les mille contraintes de structures élaborées par les sociétés, si « spirituelles » qu'elles se prétendent.

Depuis plusieurs décennies le monde chrétien redécouvre l'intériorité. Or cette redécouverte a fait prendre conscience de l'importance primordiale du dynamisme qui, dans chaque personne, jaillit du fond du cœur, et qui, dans l'Église de Dieu, surgit de la masse des fidèles. Un maître spirituel saura discerner un tel dynamisme, que les personnes en position d'autorité seront souvent incapables de percevoir. Pour cela il faut une attention continue à ce qui se passe dans une âme.

Le sens du progrès et des étapes

Quand on est parvenu à une très profonde expérience spirituelle, il est facile d'oublier les étapes parcourues et les difficultés rencontrées. Or pour aider ceux qui cheminent, il faut avoir constamment conscience du chemin parcouru, des obstacles rencontrés, des chutes et des remises en route. C'est ce que saint Ignace n'a jamais perdu de vue. Ses Exercices sont un guide, d'abord pour quelqu'un qui commence, puis pour quiconque désire avancer dans la connaissance du Christ, à quelque étape qu'il en soit de son progrès spirituel. Si haut qu'il soit arrivé, le vrai guide est toujours capable de refaire le chemin avec ceux qui débutent comme avec les plus avancés. Bien des guides, une fois arrivés à leur point ultime de progrès spirituel sont incapables de redescendre de leur piédestal ou de leur montagne pour aider quelqu'un qui est en difficulté au début du chemin. Du haut de leur réussite ils se contentent d'appeler et d'encourager. Le pauvre malheureux qui voit son maître dans la béatitude a envie de lui crier : « Je vous vois bien tout béat... mais diable où est le chemin qui conduit là où vous êtes ? »

Le vrai maître spirituel, si haut qu'il soit parvenu, n'a pas perdu le souvenir du chemin et des étapes. Il sait où sont les passages dangereux. Il sait comment les passer ou les contourner. Tout cela demeure gravé profondément dans sa mémoire et dans son être. Peut-être n'en a-t-il pas toujours conscience, mais au moment venu, quand il fait route avec un disciple, son expérience lui revient. Il peut alors conseiller, encourager et soutenir aux moments les plus difficiles. Cela veut dire que le maître doit se vider de sa propre expérience et oublier la hauteur à laquelle il est parvenu. Vide de lui-même, il sera tout ouvert à l'expérience des autres.

Ce n'est pas une imperfection de n'être pas encore parfait quand on est encore en chemin. C'est une réalité qu'il faut accepter, car le degré de perfection ne se juge pas en fonction du but à atteindre, mais en fonction du point de départ. A chaque période du développement humain correspond une étape de la marche vers la perfection. Dieu ne peut demander d'être arrivé à une étape donnée avant que le temps n'en soit venu. Le Christ lui-même a été merveilleux dans sa manière de guider et d'accompagner ses disciples. Il ne leur a pas demandé d'être parfaits dès le début. Il leur a simplement demandé de venir où il habitait, de le suivre, puis de le regarder et de l'écouter. Il prend donc chacun là où il est.

Quand il a devant lui la femme prise en flagrant délit d'adultère, il ne lui fait pas de sermon, mais il lui demande simplement : « Femme, où sont-ils donc ? Personne ne t'a condamnée ? » Elle répond : « Personne, Seigneur » et Jésus lui dit : « Moi non plus, je ne te condamne pas : va et désormais ne pèche plus » (Jn 8,10-11).

Si le Christ a respecté la lenteur du cheminement de chacun, c'est que lui-même a cheminé dans son expérience humaine. L'auteur de l'*Épître aux Hébreux* revient plusieurs fois sur la marche du Christ vers son achèvement. Cette marche n'est pas une simple apparence, car son humanité est aussi réelle que la nôtre. Toute sa vie a été une marche ininterrompue vers sa perfection. Or cette perfection n'était pas toute faite dans son esprit. Ce n'est qu'à la fin de son existence qu'il a pris conscience de la totalité de son expérience. Nous savons que le chemin a été dur. « Tout Fils qu'il était, il apprit par ses souffrances l'obéissance ; et, conduit jusqu'à son propre accomplissement, il devint pour tous ceux qui lui obéissent cause de salut éternel » (He 5,8-9). Dans notre marche vers Dieu, nous savons que le Christ est toujours là près de nous, à quelque point que nous en soyons de notre itinéraire. Ainsi doit-il en être du guide spirituel.

Parler du cheminement de Jésus c'est d'abord parler de l'œuvre qu'il a accomplie pas à pas au cours de sa vie terrestre. Quand il eut achevé sa mission, il put dire tout simplement : « Père, j'ai achevé l'œuvre que tu m'avais donné à faire » (Jn 17,4). Mais tant saint Luc dans les récits de l'enfance que l'*Épître aux Hébreux* veulent nous faire comprendre aussi autre chose : si le Christ est vraiment homme, il a connu un cheminement. L'*Épître aux Hébreux* ne nous dit pas sur quel plan. Sur le plan psychologique ? La seule réponse raisonnable est « sur le plan humain », pour un homme qui était Dieu. La difficulté vient de ce que le Christ étant un cas unique nous ne pouvons le comprendre que par analogie avec notre propre développement [13].

Le maître ne peut acquérir le sens du progrès et des étapes que par un retour continuel sur sa propre expérience et sur celle des autres. Il verra vite que les étapes sont différentes d'une personne à l'autre, différent aussi le rythme de la démarche. En étant vraiment honnête dans son désir de guider chacun au rythme qui lui convient, il prendra conscience de l'immense complexité du problème. Il en viendra à dégager les lois de progrès qui demeurent pratiquement constantes dans toutes les expériences spirituelles, tout en demeurant attentif à l'itinéraire personnel de chacun.

La manière personnelle de chaque guide spirituel

Au début, le guide spirituel sent le besoin de s'appuyer sur l'expérience des autres. Mais, peu à peu, il va élaborer son propre itinéraire. Le danger qui guette des maîtres spirituels encore inexpérimentés c'est de croire que leur voie est la meilleure et peut-être même la seule. Sans se le dire aussi clairement, ils agissent comme s'il en était ainsi. Il faut donc que, tout en prenant conscience de sa manière personnelle, le maître réalise comment les autres voies spirituelles s'harmonisent avec la sienne. Autrement il essayera de convertir les autres à ses manières de voir et à son propre itinéraire. Or c'est en prenant vraiment conscience de l'originalité de sa propre voie que le maître en vient à comprendre celle des autres. Cela paraît utopique, car on voit, dans l'histoire religieuse, des conflits violents de spiritualité qui prouvent qu'au lieu de se comprendre, des spirituels se sont combattus âprement. Mais par ailleurs, on voit que les vrais spirituels, à quelque tradition qu'ils appartiennent, ont une singulière ouverture d'esprit qui les fait se comprendre et s'estimer.

Il y a donc bien des manières de voir le progrès spirituel. Par exemple, Jean de la Croix n'est pas Thérèse d'Avila. Chacun a décrit les étapes de la vie spirituelle à sa manière personnelle. On peut trouver une correspondance entre les diverses étapes, mais le progrès de l'âme n'est pas vu exactement dans les mêmes perspectives. A côté des constantes que l'on retrouve dans toutes les spiritualités chrétiennes, il y a ainsi une infinie variété d'itinéraires. C'est pourquoi quelqu'un qui, pendant des années, aura été dépendant d'une certaine spiritualité finira par se faire la sienne propre. Même si cette spiritualité reste dépendante d'une école bien définie, elle aura une saveur personnelle qui la rendra plus attachante.

Le plus souvent, le disciple ne sait pas où il en est, encore moins sait-il où il va. C'est là que le guide intervient. Si le disciple est complètement perdu, le guide doit pouvoir le rassurer. Il peut être à deux pas du terme de l'étape et s'en croire à cent lieues... Rien de plus normal puisque c'est la première fois qu'il fait le chemin. Il avance sans savoir où il va. Seul le guide peut lui dire s'il est loin du gîte où il pourra passer la nuit. Ce guide a des yeux pour ses clients qui n'en ont pas. Il a aussi en réserve de l'espérance et du courage qu'il pourra leur communiquer aux moments les plus durs du chemin.

Le pauvre disciple sera parfois effrayé de voir le guide prendre les devants et se perdre dans le lointain. S'il ressent une certaine crainte à voir ainsi son guide s'éloigner, il faut cependant qu'il s'en réjouisse car il part en avant pour explorer le chemin. Ainsi fit le Christ quand il dit adieu à ses apôtres. « Il est bon que je m'en aille », leur dit-il. S'il part c'est pour explorer le terrible chemin de la mort qui va le conduire à son Père. Il doit boire le premier le calice de la douleur et de la mort avant de demander à ses amis de le boire eux aussi. Après sa mort le Christ se montre aux siens tout triomphant et tout heureux. Il leur dit simplement : « J'ai ouvert le chemin, n'ayez pas peur de le suivre. Il passe par la mort mais il ouvre la porte de la vie. »

Ainsi peut parler le guide qui est allé explorer le chemin. Il reviendra souriant et dira à ceux qui l'attendent : « J'ai reconnu le chemin, suivez-moi, je vous conduirai au sommet de la montagne du Seigneur. » C'est ainsi que Paul s'est présenté à ses fidèles. Il écrit aux Éphésiens : « Vous pouvez constater, en me lisant, quelle intelligence j'ai du mystère du Christ » (Ép 3,4). En mettant ainsi en avant sa propre expérience, il donne confiance à ses fidèles. Quand il fait sa propre apologie dans sa *Deuxième Épître aux Corinthiens* il veut donner confiance à ceux qui pourraient être ébranlés par les attaques de ses détracteurs (2 Co, 10, 11, 12). Il veut simplement leur dire : « Voilà mon expérience, vous pouvez me croire. J'ai exploré les abîmes de l'expérience spirituelle et j'en connais tous les chemins. » Il a une expérience qui embrasse le ciel et la terre. Il a été emporté au troisième ciel et il a été entraîné dans les abîmes de la mer. Paul n'est pas fou quand il dit qu'il peut guider ses fidèles dans n'importe quelle expérience spirituelle.

Ce qui est vrai de Paul l'est encore bien plus du Christ, qui a vécu dans une expérience humaine l'absolu du mystère de Dieu. Il a pour cela exploré les profondeurs de l'expérience humaine de la douleur et de la mort. Il a parcouru nos chemins réellement, en souffrant et non pas comme en se jouant. C'est ainsi qu'il est notre Grand prêtre compatissant et fidèle. L'*Épître aux Hébreux* nous dit : « Ainsi donc, nous aussi, qui avons autour de nous une telle nuée de témoins, rejetons tout fardeau et le péché qui sait si bien nous entourer, et courons avec endurance l'épreuve qui nous est proposée, les regards fixés sur celui qui est l'initiateur de la foi et qui la mène à son accomplissement » (He 12, 1-2).

Seul le Christ est allé jusqu'au bout de l'expérience, mais tout maître spirituel doit aller à sa suite aussi loin qu'il peut aller. C'est ainsi qu'il rassurera son disciple qui, marchant dans la nuit, dans la pénombre ou dans la lumière, a besoin d'être rassuré. Il faut que le disciple puisse se dire : « Mon maître connaît le chemin ; que pourrais-je craindre ? Il a accompagné des centaines de personnes sur ce parcours, je suis en paix, j'avance dans la confiance. » De son côté, le maître, conscient de ses responsabilités, doit pouvoir dire comme le Christ : « Et pour eux, je me consacre moi-même, afin qu'ils soient eux aussi consacrés par la vérité » (Jn 17,19).

7. Sur de nouveaux chemins

À côté des guides à l'expérience multiple, il en existe d'autres qui sont plus spécialisés. Ainsi certains ne sont à l'aise que dans la méthode ignatienne des *Exercices spirituels,* d'autres ne le sont que dans la spiritualité de Thérèse d'Avila ou dans celle de Jean de la Croix. Or voici que surgissent de nouvelles écoles et de nouveaux maîtres, maîtres dans la ligne du Zen, du Yoga, et bien d'autres. Il ne faut pas s'étonner de ce foisonnement, puisque Dieu est partout et que tous les chemins peuvent conduire vers lui. L'important est que les maîtres spirituels qui marchent, chacun sur la voie qui lui convient, se retrouvent finalement à la porte du mystère divin. Il leur faut explorer à fond ces chemins de la prière pour guider ceux qui les suivent et, au besoin, les mettre en garde contre les excès et les déviations. Tout mouvement spirituel risque, en effet, de dévier quand les méthodes sont poussées à l'extrême. Par ailleurs, tout mouvement crée des remous et, de ce fait, rencontre des oppositions.

Si légitime que soit l'usage de ces nouvelles méthodes, les questions qu'elles posent sont souvent très graves et il ne faut pas les traiter à la légère. C'est ainsi que des chrétiens qui se sont embarqués à la suite de maîtres non chrétiens en sont venus à douter des vérités de la foi et à mettre le Christ de côté. C'est un fait, mais il ne faut pas oublier non plus que des milliers, pour ne pas dire des millions de chrétiens en sont venus à douter de la valeur du christianisme à cause de la fausse image qu'il présente de lui-même.

Il est donc de toute nécessité que des maîtres spirituels chrétiens aient le courage d'explorer ces nouveaux chemins de la prière, pour pouvoir y guider ceux qui s'y engagent. Qu'on ne vienne pas dire que ces méthodes sont bonnes pour l'Orient et qu'il n'est pas sage de les propager en Occident. La réponse est bien simple. Elles sont déjà répandues en Occident et c'est là qu'elles posent des problèmes. Dire que nous avons nos méthodes traditionnelles de prière et qu'il n'y a pas de raison d'en adopter d'autres équivaut à se fermer les yeux. L'Église aura-t-elle le courage d'affronter ces courants de prière et de pensée qui nous viennent du bout du monde ? Ce n'est pas la première fois que cela arrive dans l'Église. Prendre une attitude simplement défensive, c'est ne pas reconnaître que l'expérience chrétienne est en perpétuel renouveau.

Il faut savoir à quels résultats ces méthodes ont mené les contemplatifs dans leur milieu originel, hindou ou bouddhique, et voir où elles peuvent conduire, si elles sont utilisées dans des perspectives chrétiennes. Aussi longtemps que ces méthodes nous permettent de circuler dans le domaine du psychisme elles peuvent être communes à tous. Le problème se pose quand, en les utilisant, nous abordons le domaine du divin ou cette profondeur de l'être qui dépasse notre compréhension psychologique.

La spiritualité chrétienne au fil de l'histoire

Ce n'est pas d'aujourd'hui que la spiritualité chrétienne s'aventure sur de nouveaux chemins. Cela a commencé dès le jour de la Pentecôte. Il est remarquable que le Christ n'ait pas défini sa spiritualité. En quittant les siens il ne le leur a pas donné de directives à ce sujet. Il leur a simplement dit : « Il est bon que je m'en aille. » Il est parti et nous a envoyé son Esprit, qui est le sien et celui du Père. Dès le départ du Christ, les apôtres et l'Église entière se sont trouvés devant ce problème de la spiritualité chrétienne, une spiritualité qui exprime et manifeste l'Esprit du Christ. Si celle-ci pouvait se mettre en formule, le Christ l'aurait fait. Or cela était impossible. À chaque époque, en chaque pays, le christianisme a donc dû chercher l'expression de cette spiritualité informulable. Ce que nous voyons sous nos yeux, n'est que le dernier stade d'un long discernement que l'Église a dû faire des milliers et des milliers de fois. C'est pourquoi il est bon de jeter un coup d'œil sur cette Église qui a dû, à chaque époque, trouver quel chemin prendre pour être fidèle à l'esprit du Christ.

Le Christ avait fait un effort gigantesque pour faire surgir son message et le dégager du judaïsme. Mais sa spiritualité, si différente de celle de son peuple, risqua d'être réabsorbée par les chrétiens venus du judaïsme. Il a fallu l'audace de Paul et des autres apôtres pour lancer le christianisme naissant sur de nouveaux chemins. L'*Épître aux Hébreux* nous fait part de la transformation fondamentale que le Christ a fait subir à la tradition juive. Les lettres de Paul nous témoignent du pas qu'il a fait faire à l'esprit chrétien en portant l'Évangile dans le monde hellénique, puis dans le monde romain. La rencontre de ce courant avec le monde païen a produit des remous terribles dans la conscience chrétienne. Et il a fallu parfois des décennies et des décennies pour discerner ce qu'était l'esprit du Christ au milieu de ces remous. Discernement difficile qui a fait s'opposer les théologiens entre eux, les spirituels entre eux. De là les dissidences, les hérésies, les schismes, et, finalement une prise de conscience de ce que pouvait être l'esprit du Christ. Telle est la réalité de l'histoire de l'Église.

A chaque rencontre avec des philosophies, des théologies, des spiritualités non-chrétiennes, le christianisme a dû discerner ce qu'il était pour rejeter ce qui lui était contraire. Ainsi quand il s'est affronté aux doctrines gnostiques, il en a assimilé une part et a rejeté le reste. Même phénomène quand la pensée chrétienne s'est trouvée confrontée au néo-platonisme plus spécialement représenté par Plotin (205-270). Au cœur de cette confrontation nous rencontrons saint Augustin (354-430), le grand docteur de l'Occident chrétien.

À la même époque, la spiritualité et la théologie chrétiennes sont affrontées au problème du mystère divin. Ce Dieu que le Christ avait rendu si proche, si facilement reconnaissable se présentait soudain comme au-delà de toute connaissance, au-delà de toute expression. Le christianisme faisait sien l'apophatisme qui exprime le mystère de Dieu par le silence de la parole [14].

Cette doctrine s'épanouit chez des Pères grecs comme Grégoire de Nazianze (c. 330-396) et Grégoire de Nysse (335-394). Le premier ne craint pas de dire, marchant sur les traces de Platon, que nous ne pouvons pas exprimer la connaissance que nous avons de Dieu et que son essence demeure toujours au-delà de toute connaissance. Grégoire de Nysse intègre dans son système le stoïcisme, le platonisme et la synthèse plus récente de Plotin, pour donner une forme à l'expérience spirituelle chrétienne. Il distingue trois stades de la connaissance de Dieu, comme elle fut donnée à Moïse. D'abord Dieu se manifeste dans la lumière, puis dans la nuée et enfin dans la nuit, ou totale obscurité [15].

Cette doctrine va s'épanouir dans les œuvres d'un moine syrien qui prétendit être Denys l'Aréopagite, disciple de Paul, d'où le nom de Pseudo-Denys qui lui est donné maintenant. Dans sa *Théologie mystique,* Denys nous présente Dieu comme la « noirceur divine ». Nous voici à l'extrême de l'apophatisme. Cette *Théologie mystique* fut d'abord traduite du grec en latin, puis, plus tard, en anglais par l'auteur du *Nuage de l'inconnaissance,* au XIVe siècle.

Or cette tradition chrétienne, particulièrement riche chez les Pères grecs, n'était pas purement spéculative. Elle était destinée à guider les chrétiens dans leur recherche de Dieu, spécialement ceux qui se retiraient au désert ou vivaient ensemble dans des monastères.

Il est impossible de citer tous les grands noms qui jalonnent la tradition chrétienne en langue grecque, puis en latin. La liste serait trop longue. La direction spirituelle se développa parmi les Pères du Désert, puis dans les monastères où le Père Abbé, ou Abbas, était celui qui dirigeait ses moines dans leur vie de prière, qui faisait un avec la vie monastique. Ce n'est que plus tard que la direction spirituelle des moines se distingua du gouvernement du monastère.

La spiritualité chrétienne ne pouvait se définir ni par un mode de vie, ni par une forme liturgique privilégiée. Elle n'a jamais été liée à une philosophie déterminée. Elle s'est exprimée dans un contexte platonicien, puis dans les structures d'une pensée aristotélicienne. Mais entre-temps les « barbares », entrés en masse dans l'Église, l'avaient détachée de tout système philosophique pour la faire s'épanouir dans le concret de l'existence humaine.

A chaque fois que l'on a pensé pouvoir dire : « C'est cela la spiritualité chrétienne », l'Esprit a tout fait éclater. C'est pourquoi l'histoire de l'Église est le plus beau livre de direction spirituelle, celui auquel les directeurs doivent constamment se référer s'ils ne veulent pas se laisser enfermer dans des ghettos spirituels.

Pour jalonner les grandes étapes de cette extraordinaire expérience, citons encore quelques noms de maîtres qui ont eu une grande influence sur l'épanouissement et l'expression de la spiritualité chrétienne. Après saint Augustin qui fut d'abord manichéen, puis platonicien et le demeura après sa conversion, nous rencontrons Cassien, saint Benoît et son école, puis saint Grégoire le Grand au VIe siècle. Plus tard, au Moyen Âge, nous voyons fleurir les écoles de spiritualité des grands ordres : bénédictins, cisterciens, franciscains, dominicains. C'est l'époque des écoles mystiques, l'École anglaise, l'École rhénane, l'École flamande et d'autres. Il est difficile de rendre compte de la richesse de ces siècles qui ont vu paraître saint Anselme, saint Bernard, Guillaume de

Saint-Thierry, Hugues et Richard de Saint-Victor, Maître Eckhart, Jean Tauler, Henry Suso... Si nous continuons notre route nous arrivons à Ignace de Loyola, Thérèse d'Avila et Jean de la Croix. La doctrine de ce dernier plonge ses racines les plus profondes dans l'apophatisme du Pseudo-Denys, faisant ainsi émerger dans les temps modernes ce grand courant souterrain qui a traversé plus de mille ans d'histoire chrétienne.

Dans la liste des grands maîtres et directeurs spirituels il est impossible de passer sous silence saint François de Sales et son amie intime Jeanne de Chantal, qui continuent la tradition de l'amitié spirituelle florissante dans l'Église depuis le début de son existence, et que de temps à autre de grands spirituels ont remise en honneur (par exemple saint Aelred, cistercien anglais du XIIe siècle, dont les pages sur l'amitié reflètent un des aspects essentiels de la spiritualité chrétienne).

Les noms de Thérèse d'Avila et de Jeanne de Chantal nous rappellent quel rôle les femmes jouent depuis toujours dans le développement de la spiritualité chrétienne. On peut dire que l'intériorité à laquelle le Christ nous appelle est vécue avec plus d'intensité par les femmes que par les hommes. Les deux grandes figures de cette intériorité dans l'Évangile sont la Vierge Marie et Marie-Madeleine.

Pendant les premiers siècles de l'Église nous ne voyons pas de grandes personnalités féminines émerger dans l'histoire de la spiritualité, mais pendant le Moyen Âge, ces femmes remarquables abondent. Elles écrivent moins que les hommes, mais leur influence se fait partout profondément sentir. Nommons sainte Hildegarde et sainte Elisabeth de Shönau, au XIIe, Mechtilde, Gertrude et Lutgarde au XIIIe siècle, Catherine de Sienne au XIVe, Julienne de Norwich et Catherine de Gènes au XVe.

Certaines de ces femmes, religieuses ou non, ont joué un rôle extraordinaire dans l'épanouissement de la vie chrétienne durant ces périodes d'extrême vitalité de l'Église. Un simple regard sur cette phase de l'histoire de l'Église en

Occident nous révèle l'importance du féminin dans la spiritualité chrétienne. Si cette spiritualité est trop contrôlée par des esprits masculins, la vitalité interne se trouve brimée et l'on voit renaître un formalisme qui n'était certainement pas dans la spiritualité du Christ lui-même. D'ailleurs les directeurs spirituels savent bien ce qu'ils doivent à l'inspiration féminine.

Rencontres spirituelles du temps présent

Si les premiers siècles de l'Église ont vu la spiritualité chrétienne se mesurer aux autres spiritualités et philosophies, vint ensuite une période où l'Église d'Occident vécut repliée sur elle-même. Mais les temps modernes ont ramené l'Église à une situation semblable à celle des premiers siècles, quand le courant chrétien entrait en contact avec le monde non chrétien. Le discernement n'est plus affaire simplement individuelle pour des personnes qui sont en contact avec des religions ou des spiritualités non chrétiennes, mais au niveau de l'Église tout entière. Ce problème a pris une telle ampleur qu'on ne peut l'ignorer et dire simplement : « Nous avons nos méthodes de prière. Pourquoi nous mettre à l'école des maîtres du Zen ou du Yoga ? » Raisonnement simpliste qui suppose que le christianisme soit arrivé à l'âge mûr. Parler ainsi c'est oublier que cette tradition, comme nous l'avons vu, a toujours été en mouvement. Jamais l'esprit du Christ n'arrivera à une formulation définitive.

Un certain nombre de méthodes se sont donc répandues dans le monde chrétien dites « orientales », car elles ont leur origine soit dans la tradition hindoue, soit dans la tradition bouddhique, soit dans le taoïsme, et dans d'autres encore. Ces méthodes refluent sur le monde chrétien en vagues successives. L'une des dernières prend sa source dans la tradition mystique tibétaine. Il est probable que ce n'est qu'un début. L'Église ne peut ignorer ces traditions qui influencent de plus en plus la spiritualité chrétienne.

Il ne faut pas oublier que ce contact avec le monde indien et extrême-oriental ne date pas d'hier. Cette influence s'est fait sentir très tôt, influence filtrée par ce que nous appelons le Moyen et le Proche-Orient. Les historiens de la spiritualité chrétienne peuvent facilement tracer, par exemple, les origines de la « Prière de Jésus » chez les Pères du désert. Mais quand on explique la méthode, on est immédiatement tenté de la rapprocher des méthodes en usage dans le bouddhisme. Tout y est, ou presque : la répétition du « nom » au rythme de la respiration, la simplification extrême de la pensée, l'attention totale à la mystérieuse présence.

Plus près de nous, historiquement et spirituellement, nous avons l'islam. Si l'islam officiel s'est presque toujours trouvé en conflit avec le monde chrétien, il n'a cependant pas cessé de l'influencer par sa mystique spécialement développée dans le sufisme. Étrange histoire de ce mouvement mystique qui harmonise l'amour et l'extase. Le sufisme s'est développé au cœur même de l'islam, au contact d'influences venues de tous les horizons, indien, hellénique et chrétien. Si cette mystique touche les chrétiens, c'est surtout par ce sens de l'amour réciproque de Dieu et de sa créature et par le sens de l'amitié qui manifeste cet amour divin [16].

La doctrine spirituelle d'El-Hallâj, de Rûmî ou d'autres maîtres sufis passionnés de l'amour divin ne peut pas troubler la foi d'un chrétien qui croit que Dieu est amour. Mais il n'en est pas de même des méthodes et doctrines qui relèvent de l'hindouisme, du taoïsme et du bouddhisme. Le danger vient du fait qu'avec les méthodes, en fait inoffensives, ceux qui les pratiquent risquent d'absorber des théories qui peuvent mettre leur foi chrétienne en péril. Prétendre donc que ces méthodes sont sans danger, c'est se fermer les yeux. Cela nous invite d'autant plus à les étudier, pour en venir à distinguer ce qui relève de la méthode psychologique de ce qui relève de la foi.

Pour voir clair dans ce problème des influences spirituelles venues d'autres mondes, il est bon de revenir un peu en arrière. Quand la psychologie et la psychanalyse ont commencé à s'affirmer dans le monde occidental, l'Église a regardé ces disciplines avec crainte et suspicion. Elle avait peur qu'elles bouleversent des traditions bien établies de vie spirituelle. Finalement il lui a bien fallu reconnaître la valeur de ces recherches, tout en se gardant d'en accepter toutes les méthodes et conclusions. Mais cette exploration des profondeurs de l'homme a produit, à côté de résultats que l'on peut déplorer, un nombre incalculable de fruits. Elle a aidé les chrétiens d'Occident à retrouver les chemins de l'intériorité psychologique et spirituelle. Les méthodes psychologiques d'exploration de l'intime de l'être humain ont préparé un très grand nombre de chrétiens à une intelligence plus profonde du mystère de l'action divine au fond d'eux-mêmes. C'est pourquoi il est maintenant bien difficile d'être un bon guide si l'on n'a pas une certaine connaissance des voies de la psychologie.

Or, à mesure que nous devenons plus familiers avec les méthodes orientales de prière, nous nous apercevons que bien des théories de psychologie et de psychanalyse occidentales sont l'explicitation en langage scientifique moderne de théories et de pratiques familières à l'Orient. C'est ici que l'entrée en scène de ces méthodes orientales trouve son importance. Si les études psychologiques occidentales ont préparé l'entrée des méthodes orientales dans le monde chrétien, par contre les méthodes de prière importées de l'Orient ont permis de pousser la démarche spirituelle au-delà du monde limité de la psychologie, pour l'ouvrir au monde spirituel.

Par ailleurs un grand nombre de personnes, et surtout des jeunes, qui ont goûté aux méthodes orientales et n'y ont pas trouvé ce qu'elles cherchaient, viennent demander de l'aide à des religieux. Ces derniers ne peuvent pas les aider s'ils n'ont pas eux-mêmes une certaine connaissance et au moins un peu d'expérience de ces chemins. Encore une fois il ne suffit pas de leur dire : « Nous avons notre merveilleuse tradition chrétienne. Pourquoi vous embarquer à la suite de maîtres non chrétiens ? » Une telle argumentation risque de n'avoir aucun poids. Il faut que celui à qui on vient demander de l'aide ait quelque notion du chemin parcouru par celui qui est venu frapper à sa porte. S'il veut aider ce pèlerin de Dieu à revenir aux sources chrétiennes, il faut qu'il l'aide à cheminer à partir du point où il se trouve.

En étudiant un peu sérieusement ces méthodes orientales nous arrivons bien vite à deux constatations. La première c'est qu'elles sont plus proches des démarches fondamentales de l'homme dans sa recherche de Dieu, que ne peuvent l'être les méthodes traditionnelles de méditation. Il ne faut pas oublier que le développement de la notion de révélation objective directe nous a entraînés bien loin de l'expérience fondamentale de l'homme face au mystère. Nous nous sommes peu à peu habitués à vivre notre religion et notre vie spirituelle à partir d'une foi exprimée dans des formules et des définitions. Cette attitude a ses dangers, dont le principal est de nous faire oublier que ces vérités dogmatiques ont un lien profond avec l'expérience fondamentale de l'homme. Or l'étude des voies spirituelles des religions dans lesquelles le concept de révélation est moins développé, nous ramène aux expériences essentielles de tout être humain face à Dieu.

Maître d'une seule méthode

Jusqu'ici il a surtout été question du maître spirituel non spécialisé, si l'on peut parler ainsi. Ce directeur essaie de comprendre et d'aider des personnes qui cheminent sur des voies très différentes. Il nous faut maintenant dire quelques mots du maître spécialisé dans une méthode. Il y a des spécialistes de la méditation discursive, de la prise de conscience, des mantras, des représentations mentales, de la Prière de Jésus, du Zen, du Yoga, et de mille autres. Une méthode est une technique qui s'enseigne. La direction spirituelle est un art qui peut, dans une certaine mesure, s'enseigner lui aussi. Mais elle suppose une expérience qui est fruit de l'Esprit, un fruit que l'homme ne peut produire par ses efforts.

Pour ce qui est du Zen, il a fallu des années pour faire accepter dans l'Église cette méthode élaborée dans le bouddhisme chinois. Les maîtres chrétiens qui l'ont adoptée ont dû eux-mêmes se mettre sous la conduite de maîtres non chrétiens avant de pouvoir orienter la méthode dans une ligne chrétienne. Ils ont suivi strictement les instructions de leurs maîtres tant pour la position du corps que pour l'attitude intérieure, et ils demandent la même docilité à leurs disciples. Ils vont leur apprendre à s'asseoir d'une certaine manière et ne feront guère de concessions sur ce point. Cela montre bien que nous sommes ici dans le domaine de la technique. Toute analogie gardée on peut dire que c'est ainsi que certains directeurs spirituels, maîtres de retraites, font appliquer les annotations et additions de saint Ignace pour le succès des *Exercices spirituels*. L'insistance sur certains détails peut paraître excessive, mais nous sommes ici dans le domaine de la technique et de la méthode.

Ici le danger est la rigidité et l'étroitesse d'esprit. Saint Ignace est remarquablement sage dans l'emploi des méthodes : après avoir enseigné très en détail la méthode de méditation par les trois puissances de l'âme et la méthode de contemplation, il ajoute, de l'air le plus naturel du monde, que si je trouve ce que je veux dans une simple pensée, je n'aurai pas à aller plus loin. Il me suffira d'en rester là. Le danger est donc que le maître bâtisse tout un système artificiel qu'il présentera comme partie intégrante de la méthode. Le maître doit donc simultanément respecter la méthode et éviter de lier ses disciples, au point de leur faire perdre leur liberté intérieure. Il est difficile d'allier la contrainte qu'impose la méthode et la liberté laissée au dynamisme intérieur. Or les méthodes orientales me semblent allier les deux aspects de stricte contrainte des méthodes, d'une part, et de liberté intérieure, d'autre part.

Les maîtres chrétiens qui s'inspirent des méthodes orientales deviennent les témoins d'une recherche qui va aussi loin que possible sur un chemin parcouru pendant des siècles par des non chrétiens. Il est, en effet, nécessaire que des contemplatifs chrétiens se risquent sur ces voies apparemment nouvelles. Le bénéfice sera double. Le premier sera de faire prendre conscience qu'il n'y a pas de méthode proprement chrétienne. Depuis le début, le christianisme n'a fait que christianiser des méthodes de prière qui existaient déjà. Si une méthode est humaine, elle peut être utilisée par n'importe qui, dans les perspectives propres à sa religion. Le second bénéfice sera de faire redécouvrir, dans la tradition chrétienne des temps passés, les équivalents de ces méthodes. On les avait tout simplement oubliés à la suite de l'effort de rationalisation de la foi et de l'expérience chrétienne fait par l'Église à partir de la Renaissance.

Si un chrétien, inspiré par le Zen, s'applique à se vider l'esprit de toute pensée, il verra immédiatement se lever autour de lui dans la tradition chrétienne, une foule de témoins. Tous les témoins que l'*Épître aux Hébreux* nous cite au chapitre 11 ont fait taire leurs pensées humaines pour écouter la parole de Dieu. En parcourant les siècles chrétiens il ne sera pas surpris d'entendre le Pseudo-Denys dire que Dieu est la « Grande noirceur », que pour le trouver il faut entrer dans l'inscience. Celui qui subi quelque peu l'influence du taoïsme philosophique ne sera pas étonné d'entendre Maître Eckhart dire que Dieu est « le néant absolu ». Il lira avec un goût absolument nouveau le *Livre de la Vérité* de Suso et les ouvrages de Tauler, ou de Ruysbroeck et de tant d'autres. Jamais on ne dira assez que c'est la vogue de ces courants spirituels venus de l'Orient qui nous ont fait revenir à de grands mystiques dont on ne trouvait les œuvres que dans de rares bibliothèques.

Les chemins proposés par les maîtres du Yoga, du Zen, du bouddhisme tibétain et d'autres ne sont pas pour tout le monde. C'est pourquoi cédant à l'engouement, certains s'y lancent et assez souvent y perdent leur foi et leur équilibre psychologique. Pour cette raison, non seulement les directeurs spirituels concernés mais l'Église chrétienne tout entière se doivent de regarder en face ces doctrines spirituelles en écoutant ce que l'Esprit leur dit intérieurement. Le discernement à faire porte sur les méthodes, en relation avec l'esprit qui les anime. Si l'Esprit de Dieu a pu se faire son chemin au travers du platonisme, pourquoi ne le pourrait-il pas au travers de ce monde moderne en proie à une frénésie de recherche spirituelle, au moins chez beaucoup ?

Le retour à l'expérience chrétienne dans un monde pluraliste

L'expérience chrétienne est une dans son esprit, mais multiple dans son expression. C'est pourquoi il faut se méfier d'une telle spécialisation dans les méthodes que ceux qui les suivent se referment sur eux-mêmes au point de sombrer dans un véritable égotisme. Il faut ici bien distinguer les étapes. Celui qui décide de se mettre à l'école d'un maître pour apprendre une méthode bien déterminée, peut traverser une période d'isolement. Non seulement il ne sera pas compris des autres, mais il ne les comprendra pas davantage... C'est inévitable. D'ailleurs il est bien rare qu'il n'y ait pas, dans toute évolution spirituelle, une période d'auto-centrisme, qui se traduit par une attention excessive à ses propres problèmes. Une telle période est normale dans l'évolution spirituelle. Le danger est d'en rester là et de ne pas déboucher, par-delà les étroitesses et limitations, dans cette zone très profonde de soi-même où l'on est à la fois tout soi-même et tout ouvert aux autres.

Dans ce cheminement, nous devons nous laisser conduire par la foi. C'est, en effet, la foi qui nous fait saisir le but à atteindre, par-delà l'étroitesse de toutes les méthodes. Que certains soient tellement pris par une méthode qu'ils n'arrivent pas à s'en dégager, ne doit pas faire porter le blâme sur celle-ci. Elle n'est qu'un instrument qui se laisse utiliser par chacun comme il l'entend.

Quel que soit le chemin parcouru, aussi spécialisé qu'il puisse être, il doit nous conduire tous à ce point merveilleux où nos expériences se rencontrent. Elles ne sont pas totalement identiques, ces expériences, mais assez semblables pour que nous puissions nous comprendre les uns les autres. Cela explique pourquoi les mystiques, quand ils se retrouvent à cette profondeur-là, se comprennent si facilement. C'est à mi-route qu'il y a des problèmes, car à ce moment de la démarche, ce qui paraît le plus, c'est la diversité et même la divergence des chemins. Ceci suffit à expliquer pourquoi des « spirituels » ont parfois tant de mal à se comprendre. Ils sont en chemin et ne se sont pas encore dégagés de leurs méthodes ou de leurs spiritualités.

Si quelqu'un qui pratique le Zen se trouve coupé des autres, c'est qu'il vient juste d'y entrer et qu'il n'a pas encore atteint le « kenshô » ou le « satori » [17]. Quand il en sera là, il n'aura aucune peine à comprendre ceux qui ont eu leur « kenshô » ou leur « satori » par un autre chemin. On peut réserver ces termes à des expériences faites dans les perspectives du bouddhisme Zen, mais on peut aussi leur donner un sens plus universel, car l'expérience du « kenshô », « voir sa nature », n'est pas en soi une expérience « bouddhique ». Si l'on admet le principe fondamental de la spontanéité de la nature originelle, celle-ci peut se manifester en relation avec la méthode du Zen, et aussi sans aucune relation avec une méthode déterminée. Simplement, ces expériences de « kenshô » ou de « satori » auront une saveur particulière suivant la tradition dans laquelle vit celui qui en a l'expérience. Cela peut paraître très subtil, mais je pense que ceci correspond réellement à l'expérience d'un nombre immense de témoins.

Les conséquences de ce qui précède sont très importantes : quelqu'un qui est engagé corps et âme sur la voie du Zen ne pourra probablement pas diriger une retraite selon la méthode des *Exercices*, à moins qu'il n'ait compris les deux à une profondeur suffisante. En effet, une fois arrivé à l'extrême de sa démarche et sûr de son « kenshô », il verra immédiatement à quelle profondeur en est arrivée une personne qui a pris un autre chemin.

C'est pourquoi le dialogue entre personnes qui appartiennent à des traditions spirituelles différentes est tellement facile quand elles en sont arrivées à cette profondeur. À ce niveau-là les maîtres spirituels ne sont plus préoccupés de querelles d'écoles ; ils ont débouché dans cette zone où tout est si calme que l'on voit tout dans une clarté toute proche de la clarté divine. L'expérience de toutes ces personnes est vraiment diaphane... Dieu s'y manifeste, pas toujours d'une manière explicite, mais toujours dans le rayonnement de sa lumière.

C'est à cette expérience que tout maître spirituel doit en arriver. Tant qu'il est en route, il fait ce qu'il peut pour utiliser de son mieux les méthodes qu'il a apprises. Il aura souvent de gros efforts à faire pour démêler les imbrications d'expériences différentes sur lesquelles il doit porter un jugement. Il lui faut alors beaucoup de psychologie et de sens spirituel pour les comprendre ; mais peu à peu, il arrivera lui-même à cet état dont je viens de parler. Alors seulement sera-t-il capable de comprendre son propre cheminement et celui des autres. Il sera pour tous ceux qui viendront à lui le guide idéal et le maître parfait, à l'image du Christ.

LE MAÎTRE ET LE DISCIPLE

« Je ne vous appelle plus serviteurs, car le serviteur reste dans l'ignorance de ce que fait son maître ; je vous appelle amis, parce que tout ce que j'ai entendu auprès de mon Père, je vous l'ai fait connaître » (Jn 15,15).

LE MAÎTRE ET L'ESCLAVE

8. Instruire et se laisser instruire

Les chapitres précédents traitaient surtout du guide ou maître spirituel et de son expérience. Le disciple ou dirigé n'est apparu qu'à l'occasion. Maintenant il va être question explicitement de la relation entre le maître et le disciple. On peut parler ici de l'art de la direction, mais le terme évoque trop l'idée que le guide conduit son disciple et lui dit que faire. Il y a certainement des directeurs qui veulent vraiment diriger et des personnes qui veulent être dirigées. Je crois cependant que le temps est passé où le directeur demandait à sa dirigée de lui faire promesse ou même vœu d'obéissance. Il est vrai que dans certains cas, comme dans celui de scrupules, le seul moyen de s'en tirer pour le scrupuleux c'est de suivre l'avis du directeur. Mais c'est là un cas extrême qu'il ne faut pas ériger en principe habituel de conduite. Si pour aider quelqu'un à passer une période difficile le directeur peut demander une confiance totale, cela ne justifie pas une promesse totale d'obéissance de la part de la personne qui se fait aider.

Par ailleurs la non-directivité ne vaut pas mieux, car elle tombe dans un autre écueil aussi dommageable pour quelqu'un qui n'a pas encore atteint sa maturité psychologique et spirituelle. En effet, le vrai maître est celui qui suscite le désir de se mettre en route, attise le désir de progresser, oriente la démarche et l'éclaire. La relation idéale est celle que saint Ignace conseille dans les *Exercices spirituels,* quand il recommande au directeur de ne pas trop en dire au retraitant, de manière à ce que celui-ci soit actif et non passif [18]. Le directeur doit aider le retraitant à prendre conscience du dynamisme de la grâce au fond de son être. Si le retraitant n'a pas conscience de ce dynamisme, il restera passif. Quand le retraitant aura pris en main sa propre démarche, il sera facile au directeur de l'aider à s'orienter dans la bonne direction. On sait qu'il n'est pas facile de tourner dans une direction donnée les roues d'une voiture au repos... Mais cela est facile quand la voiture a commencé à rouler. Ainsi en va-t-il de la direction donnée par le directeur de la retraite.

D'ailleurs, c'est ainsi que le Christ a agi avec ses disciples. Il ne leur a fait ni bourrage de crâne ni lavage de cerveau. Il les veut réceptifs à son message, mais il laisse chacun faire son raisonnement et arriver à une conclusion qui lui est propre. Après avoir suivi le Christ pendant un certain temps, Pierre, au moment de la grande crise qui suit la multiplication des pains et la promesse de l'eucharistie, déclare clairement : « Seigneur, à qui irions-nous ? Tu as des paroles de vie éternelle » (Jn 6,68). Cette réponse vaut pour tous les apôtres, mais elle est d'abord la réponse personnelle de Pierre. Celui-ci n'attend pas que le Christ lui dise ce qu'il doit croire, mais le Christ l'aide à prendre conscience de la profondeur de son attachement et de sa foi,

Instruire le disciple

Certains maîtres spirituels ne sont pas faits pour des débutants, mais ils peuvent, par contre, être excellents pour des personnes qui ont déjà fait un bon bout de chemin dans la vie spirituelle.

J'entends ici par débutants des personnes qui ont besoin d'apprendre. Quelles que soient les méthodes employées, il y a toujours au début une période d'initiation. Dans la vie spirituelle, comme dans toute autre discipline il y a des choses à apprendre. Or on ne les apprend que si quelqu'un nous les enseigne. Très peu de gens sont capables de découvrir par eux-mêmes les éléments essentiels d'une discipline.

Dire simplement à quelqu'un qui s'intéresse à la vie spirituelle : « Voyez vous-mêmes », c'est le mettre en grand danger soit de papillonner soit de construire une fausse science spirituelle bancale. Il ira vers ce qui lui plaît et négligera d'autres aspects qu'il faut au moins connaître. On sait combien les autodidactes peuvent être déconcertants, car ils ont des trous immenses dans le champ de leurs connaissances. Il leur a manqué une direction pour leurs études et ils se sont laissés emporter par leurs attraits. Le résultat peut être génial, mais il peut aussi être très décevant, à cause du manque d'équilibre des connaissances.

Le maître de formation spirituelle doit donc être capable de donner à ceux dont il est chargé une connaissance de base équilibrée qui couvre les aspects essentiels de la vie intérieure, aspects psychologiques, théologiques, moraux et spirituels. Cela veut dire que le maître lui-même doit être convaincu de la nécessité d'une telle initiation. Il ne peut pas récuser cette première fonction de maître qui enseigne à des disciples ce qu'ils doivent savoir.

La première phase de la direction spirituelle est donc d'instruire le disciple. D'ailleurs celui qui vient trouver un maître pour être dirigé s'attend à ce que celui-ci lui apprenne des choses qu'il ne connaît pas mais qu'il doit savoir. Le maître est chargé de transmettre une tradition spirituelle que le disciple aurait du mal à découvrir par lui-même. Et si le disciple est trop tôt laissé à lui-même, il risque de s'emballer trop vite dans une direction, avant d'avoir acquis une base équilibrée de connaissances spirituelles.

Peut-être a-t-on trop insisté ces derniers temps sur l'expérience en négligeant les connaissances. C'est pourquoi certaines personnes ont une vie spirituelle très vivante, mais qui manque d'assises. Ils sont comme ces maisons bâties sur le sable dont parle le Seigneur.

Le disciple lui-même n'a pas toujours conscience de ce besoin d'être instruit. S'il ne l'a pas, il faut lui en faire comprendre la nécessité. Mais le malheur est qu'il peut se figurer tout savoir et regarder son expérience spirituelle comme unique. Il peut être plein de suffisance et se comparer aux grands mystiques. Plus que d'autres il a besoin de faire ses classes. Il se rendra alors bien vite compte que son expérience n'est pas tellement unique. C'est là le premier degré d'humilité dans la vie spirituelle.

Se laisser instruire

Heureux celui qui aura trouvé un bon maître spirituel qui accepte de l'instruire. S'il se fait docile à ce maître et lui fait confiance, il apprendra sans peine des choses qu'il mettrait des années à découvrir par lui-même. Cette docilité de la part du disciple est essentielle. S'il n'a pas confiance en celui à qui il s'est confié, il ne pourra profiter ni de son enseignement ni de son expérience.

Dans les congrégations religieuses, dans toute association et tout groupement, cette partie de la formation est très importante. C'est pourquoi la première étape de la vie spirituelle doit être dirigée. Le disciple doit se montrer docile, car c'est alors que s'établit le lien entre lui et la tradition transmise d'une génération à l'autre. Il aura ensuite amplement le temps de trouver sa manière personnelle. Se laisser instruire ne veut pas dire se laisser conduire aveuglément, mais écouter et apprendre, pour pouvoir commencer à discerner son chemin personnel.

Nous parlerons plus loin de la nécessité de ne pas apprendre simplement pour savoir, mais pour assimiler au fond de soi-même. Pour le moment, il est bon d'insister sur la docilité à l'égard de ceux qui sont chargés de notre formation. Cette docilité ne doit pas être simple conformité, mais docilité du cœur. Or, c'est une grande erreur de la part des formateurs de trop insister sur les critères extérieurs de ce que l'on appelle la vertu. Trop insister sur ces critères engage sur une fausse piste ceux que nous voulons former. La conformité extérieure n'est pas la docilité dont je parle. Elle n'est souvent que désir de paraître pour être bien considéré.

La docilité du disciple c'est l'ouverture intérieure qui lui permet, sous les mots et les manières d'agir du maître, de saisir l'expérience de celui-ci. Cette docilité suppose ouverture intérieure et humilité. Celui qui croit tout savoir n'apprendra jamais rien et risque de moisir dans sa fausse connaissance. À la base de tout ceci nous présupposons que le maître est vraiment un maître (bien qu'il y ait un manque très grave de guides et de maîtres de formation spirituelle). Je veux seulement considérer ici l'attitude du disciple. S'il a trouvé un vrai maître, qu'il apprenne de lui docilement ce qu'il peut lui communiquer.

Bien souvent cependant le problème n'est pas le manque mais l'excès de docilité. Le disciple est tellement entiché de son maître spirituel qu'il n'y a plus que lui sur terre. Or si grand, si formidable que soit le maître, il ne faut jamais le considérer comme un absolu. Ce maître est un parmi tant d'autres et il a, lui aussi, ses limites. Peut-être le disciple a-t-il besoin, pour le moment, de voir son maître spirituel comme un véritable dieu pour prendre le départ, mais il ne faudra pas que cette admiration sans borne dure trop longtemps, car elle empêcherait le développement normal de sa vie spirituelle.

Docilité active

L'attitude du disciple doit finalement être une docilité active. Il ne doit pas se contenter d'enregistrer l'enseignement de son maître et de le garder dans un coin de son cerveau, il lui faut l'assimiler par une activité constante de tout son être. Or, trop souvent ce que le disciple apprend de son maître en reste au niveau de la connaissance. Quand le disciple écoute il doit être capable de percevoir quelque chose de l'expérience du maître, bien qu'il parle de manière didactique.

Cette saisie de l'expérience du maître n'est pas possible sans une activité personnelle. C'est pourquoi saint Ignace donne le nom d'*Exercices spirituels* à sa méthode. Or le directeur remet constamment son retraitant face à Dieu, et au Christ. C'est à ce niveau-là que se font les exercices, au niveau où le retraitant se soumet à l'action de l'Esprit de Dieu. À ce niveau profond la docilité devient vraiment active et l'âme se transforme.

On peut employer n'importe quelle méthode de formation spirituelle, si le disciple ne va pas lui-même se soumettre à l'expérience, et demander au Seigneur de l'éclairer dans sa démarche, tout l'enseignement des grands maîtres spirituels est dispensé en vain. Il n'y a pas de méthode qui puisse se substituer à cette seule manière de faire porter des fruits à l'enseignement des maîtres. Il faut se soumettre sans réticence à l'action de Dieu sous la conduite du maître qui nous instruit. Personne ici ne prendra ma place et aucune connaissance, aucun partage ne remplacera l'expérience personnelle. L'enseignement du maître a pour but d'éclairer ma démarche, de m'encourager à la faire. Mais tout cela demeurera lettre morte si je ne m'engage corps et esprit dans une docilité active à l'action divine sous le regard vigilant de celui qui m'accompagne.

Il me faut donc aller voir moi-même du côté de cette expérience que le maître me propose. Si je me contente de me dire : « je sais » et ne fais rien pour préparer le chemin à cette expérience, jamais je ne ferai un pas réel dans la vie spirituelle. Je tournerai autour, sans y entrer. Je pourrai facilement me gargariser en répétant l'enseignement de mon maître et faire le faraud parce que je suis son disciple. Je pourrai susciter l'admiration pour les belles phrases que je dis dans les échanges spirituels... Mais si je n'ai aucune expérience personnelle profonde, je suis, comme le dit saint Paul, « un métal qui résonne ou une cymbale retentissante » (I Co 13,1). Le problème est précisément que plus la docilité à l'Esprit, à la suite d'un maître, est réelle et profonde plus elle risque de rendre muet celui qui en est le bénéficiaire.

Dans la vie spirituelle, le véritable agir n'est pas dans la multiplication des actes et des paroles, mais dans une docilité toute simple au maître qui invite à se faire tout docile à l'action de Dieu.

9. Le maître inaccessible et pourtant si proche

Certains maîtres spirituels sont des êtres lointains, tant ils donnent l'impression d'avoir dépassé les conditions ordinaires de l'existence humaine. C'est un peu ainsi que je me figure ces « immortels » taoïstes qui vivaient, et peut-être vivent-ils encore, aux limites de notre monde et du monde spirituel. Ils sont des maîtres parce qu'ils ont atteint un très haut degré de spiritualisation. Je pense qu'il existe encore des maîtres de ce genre. Ils suscitent une vénération extraordinaire. Mais personne ne peut entrer dans leur mystère. Ils paraissent toujours lointains.

Si ces maîtres sont vraiment des saints, l'*aura* qui les entoure est réelle, mais s'ils aiment s'entourer de mystère pour se faire vénérer davantage, leur influence ne peut être profonde. N'oublions pas que dans le monde spirituel aussi il y a du vrai et du toc. S'il est nécessaire de créer une ambiance, il faut veiller à ce que cela ne devienne pas du théâtre. L'important est de ne pas trop insister sur l'extérieur, au détriment de l'intérieur. Il faut que toutes les attitudes du maître soient l'expression d'une expérience profonde. Finalement, c'est cette expérience qui doit se manifester dans tous ses comportements.

Un vrai maître spirituel n'a rien à craindre d'être simple. Même s'il est entouré d'une ambiance de mystère, il n'y ajouterait rien en faisant du théâtre. Ce mystère et cette distance sont la simple conséquence de ce qu'il est. Une vertu, une puissance, une lumière, une sainteté émanent de sa personne. Le sentiment de distance crée une attirance qui fait naître un profond sentiment de proximité intérieure. Cette proximité est toute baignée de révérence.

L'attrait du spirituel

Personne n'enlèvera du cœur de l'homme le sentiment, non pas primitif mais foncier, que certains êtres humains sont habités par une puissance surhumaine. Ce que l'on appelle le culte de la personnalité n'en est que l'une des formes. La croyance au pouvoir qui habite certains objets, et certaines personnes est tellement innée qu'on la voit réapparaître dans des idéologies qui prétendent éliminer tout « spirituel ». Quand on a détruit les structures de la religion, réapparaît tout naturellement cette composante essentielle de la nature même de l'être humain. Cela explique le pouvoir extraordinaire qu'ont sur les foules les grands spirituels, les grands mystiques, les prophètes d'une idéologie.

Si quelqu'un se laisse inspirer par un idéal, il acquiert immédiatement un pouvoir étonnant sur les foules. C'est ainsi que naissent les grandes figures du cinéma, de la musique, de la chanson, de la religion. Il suffit que quelqu'un ait réussi, si je puis ainsi parler, à capter quelque chose de l'énergie mystérieuse qui remplit l'univers pour que les foules se ruent vers lui, pour le voir, l'entendre et le toucher.

Tous ces phénomènes ont quelque chose de commun... quelqu'un est là qui incarne et laisse paraître une force surhumaine. Laissant de côté les autres cas, nous allons nous contenter de considérer celui du maître spirituel, du gourou. C'est sa relation avec le monde spirituel et, pour nous chrétiens, sa relation à Dieu qui donnent au vrai maître, en l'occurrence le saint, un pouvoir extraordinaire d'attraction. Ce pouvoir n'est d'ailleurs que l'expression du désir inné en tout être humain de « toucher » le spirituel, le divin. S'il n'est pas possible de le toucher en cette personne qui l'incarne, qu'au moins on puisse le voir, l'apercevoir, l'entrevoir. « J'étais à deux pas de lui... Je l'ai presque touché. » Telles sont les réactions les plus fréquentes à l'égard de ces maîtres.

Mais il faut bien se garder de confondre certaines expériences psychologiques avec la perception que Dieu donne de sa présence et de lui-même. Ce sont deux expériences totalement différentes. La première s'analyse humainement, tandis que dans l'autre, il y a toujours un élément qui échappe. L'expérience de Dieu est un don et seul quelqu'un qui a reçu de Dieu la grâce de le percevoir peut le confirmer chez un autre. Le nombre de gens qui prennent leurs imaginations pour des inspirations divines est incommensurable. Le seul moyen de ne pas se tromper est de s'en remettre à quelqu'un qui a le sens de Dieu, un sens de Dieu qui s'appuie sur son expérience personnelle, vécue en harmonie avec la tradition séculaire de l'Église, qui est finalement la garantie des expériences personnelles.

Les vrais maîtres sont des mystiques, c'est-à-dire des personnes qui ont une connaissance expérimentale du divin. Cette connaissance les a transformés et les anime sans cesse. Le divin habite en eux. Ils sont plus que tous les autres humains, l'incarnation du divin. Il n'est pas besoin qu'ils fassent des choses extraordinaires. Ils peuvent être les plus « inactifs » des hommes, mais ils ont une influence extraordinaire, par le seul fait de leur existence. C'est ce que Bergson explique si bien dans *Les deux sources de la morale et de la religion*. Les grands mystiques n'ont pas besoin de parler, ni de faire des choses extraordinaires, il suffit qu'ils existent et soient ce qu'ils sont.

Si nous restons enfermés dans notre tradition chrétienne, nous pouvons avoir du mal à comprendre ce que l'on entend par incarnation du divin ; c'est pourtant un terme qui convient bien pour exprimer par exemple ce que sont les avatars dans la tradition indienne et pour dire qu'un homme est la manifestation visible, tangible d'un Dieu qui n'est pas perçu ou reconnu comme personnel. L'Incarnation du Verbe de Dieu reste un fait unique dans l'histoire humaine, mais l'on peut dire que les « incarnations » du divin sont innombrables.

L'insistance sur l'action a fait perdre de vue cette dimension fondamentale de l'influence spirituelle. Le mystique, le saint n'a pas besoin de faire beaucoup pour être le maître spirituel de centaines et de milliers de personnes. Il existe, il vit selon son idéal. Il sait bien que Dieu passe par lui. Il a bien conscience qu'il exerce un attrait très profond, mais cela le laisse tout à fait libre. Il ne fera pas de tapage sur les toits, ni au coin des places publiques, en jouant de la guitare ou du tambourin... Il peut vivre dans un coin retiré. Les gens viendront en pèlerinage à son ermitage, juste pour le voir célébrer, pour écouter une de ses causeries.

L'influence malgré la distance

Si je trouve sur mon chemin un tel maître, je sais bien que je ne puis pas aller lui demander de s'occuper de moi. Il n'en a pas le temps et il voit peu de monde. Il vit retiré dans sa solitude. Je respecte son silence. Quand je le vois, il m'apparaît comme un homme à la frontière de deux mondes. Il reflète tellement la paix, la joie très simple de quelqu'un qui a touché le divin que cela me suffit. Il est pour moi un maître par le seul fait de son expérience, par ce que j'en perçois au travers de sa personne. Il m'apparaît comme lointain, car il est détaché de ce monde, mais, en même temps, j'éprouve devant lui une proximité intérieure qui n'a pas besoin de paroles pour se dire.

Entre moi et lui s'établit une relation profonde qui ne dépend ni de la proximité ni de l'échange. Le maître émet une force qui attire. Cela suffit. Je me laisse attirer par cette force et elle devient le moteur de ma propre démarche vers la perfection. Comment se fait cette communication ? Il est difficile de le dire. Tout ce que je sais c'est qu'il émane de ces maîtres spirituels une force qui révèle en moi des désirs cachés et anime des forces endormies. J'ai besoin de leur exemple pour découvrir en moi ce désir qui me porte à chercher mon Dieu.

Ces maîtres ne sont pas des magiciens. Ils ne font pas usage de pouvoirs psychiques pour me subjuguer. Ces maîtres dont je parle existent, et ne cherchent même pas à faire des disciples. Ils vivent leur vie comme ils pensent devoir la vivre. Quand ils se rendent compte de leur influence, ils ne cherchent pas à l'utiliser pour en acquérir davantage. Ils ont un extraordinaire respect pour ceux qui les approchent. Ils savent que s'ils exercent un attrait, c'est précisément par leur union à Dieu, par leur transparence spirituelle. Vouloir se servir de cette puissance d'attrait pour s'attirer des disciples, ne les intéresse pas le moins du monde. Ils savent bien que là n'est pas leur charisme.

Je pense qu'un des secrets de leur influence est précisément ce détachement dont ils font preuve à l'égard de ceux qui les admirent et les aiment. Ils sont libres et laissent leurs admirateurs libres de devenir leurs disciples. Peut-être auront-ils l'occasion de se rencontrer, et d'échanger simplement quelques mots. Cela suffit pour entretenir un contact profond. Il arrive qu'entre ce maître lointain et le disciple s'établisse une communication mystérieuse qui, effectivement, ne dépend ni de la fréquence, ni de la longueur des rencontres.

L'influence d'un tel maître est souvent le résultat de la lecture par le disciple d'un ouvrage ou même simplement d'un texte écrit par le maître. C'est ainsi qu'il existe des guides, des maîtres, des gourous qui n'ont jamais rencontré leurs disciples. Quand le disciple a un problème, il prend l'une des œuvres du maître et trouve toujours dans un chapitre, dans un paragraphe, dans une phrase ce dont il a besoin. Le disciple gardera cela dans son cœur. Il pourra, pendant des années, être ainsi guidé et encouragé par quelqu'un qu'il n'a jamais rencontré. Il est difficile de dire la joie qu'il aura un jour peut-être de rencontrer cet homme et de lui dire : « Depuis dix ans je vis de vos œuvres. Vous me guidez sans le savoir. Vous m'êtes tout présent d'une manière que je n'ai pas besoin de décrire, car vous savez fort bien ce qu'est cette relation qui nous unit dans le Seigneur. »

Il existe ainsi parfois une communion profonde et constante entre le disciple et son maître lointain. Il suffit que le disciple qui se trouve en difficulté pense à son maître pour qu'une communication mystérieuse s'établisse et que le disciple y trouve la force et la lumière dont il a besoin. Cette relation est très mystérieuse, mais très réelle.

Le pouvoir du maître sur le disciple

Peut-être est-il bon de voir comment le maître agit sur son disciple. Son exemple, ses paroles suscitent chez le disciple l'éveil de forces spirituelles qui n'attendaient que cette occasion pour jaillir. Il ne s'agit pas d'hypnotisme, mais de « séduction ». En voyant le maître, en l'écoutant, en le lisant, en me souvenant de lui, je suis touché et des puissances cachées en moi commencent à s'éveiller. J'avais donc besoin de cette rencontre pour que se réalise en moi un « éveil ». Ce n'est pas que le maître m'impose ses vues, son idéal. Simplement son être et ses paroles font jaillir en moi une source mystérieuse.

C'est ainsi qu'il faut voir la véritable influence spirituelle, ainsi que le Christ a agi. Il a choisi ses apôtres et ses disciples. Il s'est présenté à eux. Il ne s'est jamais imposé. C'est librement qu'ils ont accepté de devenir ses disciples. Le cas de Judas suffit à montrer que, tout choisi qu'il était, il est resté libre de devenir vraiment « disciple » ou de trahir. Personnellement, je pense que le Christ n'avait pas besoin d'un Judas. Sa trahison a simplement facilité son arrestation. Les ennemis de Jésus avaient leur police et leurs informateurs. Ils savaient bien où il était. En insistant sur le fait qu'il fallait un traître on reporte l'odieux de la trahison de Judas sur Dieu qui aurait eu besoin que quelqu'un trahît son Fils. Judas avait été choisi, il a trahi. Cela montre simplement que « suivre » le maître reste un acte libre. Jusqu'à la fin,

Jésus a essayé d'éveiller en lui les sentiments d'un disciple et d'un ami. Mais Judas n'a rien voulu entendre. Le Maître qu'est Jésus ne s'impose pas, il ne domine pas, il propose, il invite. Libre à nous de l'accepter. Ainsi en est-il de tout vrai maître spirituel. Il est libre à l'égard de ses disciples et laisse ses disciples libres à son égard.

Ce que l'on appelle la direction spirituelle se trouve ainsi réalisée d'une manière toute particulière, par la simple influence d'un maître qui ne connaît que de loin ceux qui vivent de son exemple et de son idéal. Ce n'est là qu'un des modes de relation entre maître et disciple, mais il est important de le mentionner ici, car il joue un rôle très important dans l'Église. En fait les grands mouvements spirituels sont toujours incarnés dans des figures qui sont les vrais animateurs de l'Église. Il n'est peut-être pas habituel de penser à eux quand on parle de direction spirituelle. Mais, en fait, ce sont eux qui orientent la vie chrétienne. Sans eux, l'Église serait un corps sans vie qui s'en irait à la dérive, faute de souffle pour l'animer.

10. Le livre spirituel, ce maître silencieux et fidèle

On ne peut parler de direction spirituelle, sans parler de l'influence de ce maître muet que l'on appelle le livre. En fait, le livre ne se substitue pas au maître vivant, mais il amplifie son action. Le vrai livre spirituel est l'expression d'une expérience. Il assure et perpétue la présence d'une personne. Jamais un livre n'est purement un livre, il devient un compagnon qui nous parle comme nous parlerait l'auteur. Ce qui est merveilleux, c'est que je le prends et le laisse quand je veux. Il me parle et je lui parle. Je lui pose des questions et il me répond. Il agit vraiment à la manière d'un maître vivant. Ceci est peut-être encore plus vrai pour les cassettes qui me permettent d'écouter l'auteur, de percevoir au ton de sa voix des choses qu'un livre ne peut dire.

On ne dira jamais assez l'influence du livre dans la direction spirituelle. Le premier, c'est la Sainte Écriture. Tout ce dont nous avons besoin pour notre vie spirituelle se trouve dans ce livre, mais encore faut-il être capable de comprendre ce que Dieu veut nous dire. Certains ont une manière un peu « magique » de se servir de l'Écriture. Ont-ils un problème. Il n'est pas question d'aller demander conseil. Ils ouvrent la Bible au hasard. Leur regard tombe sur un passage, et ils prennent comme une réponse de Dieu la phrase sur laquelle ils sont tombés. Inutile de dire que ce petit jeu peut être cause de grandes illusions. La Bible n'est pas un livre de divination et la manière dont Dieu nous conduit est plus complexe. C'est par longue familiarité avec l'Écriture qu'elle devient pour nous parole de Dieu et guide pour notre vie spirituelle.

Les autres ouvrages sont là pour monnayer la doctrine de l'Écriture Sainte, spécialement celle du Nouveau Testament. Certains nous aident occasionnellement, mais d'autres deviennent nos livres de chevet. Ils nous accompagnent nuit et jour dans notre démarche. Ils sont des compagnons merveilleux que nous pouvons rencontrer quand nous le désirons. Ils sont là à nous attendre. C'est pourquoi il est difficile de parler de direction spirituelle sans faire mention de l'immense littérature qui se trouve maintenant à la disposition de ceux qui cherchent Dieu dans la prière et la contemplation.

La « lectio divina »

Le grand guide spirituel, c'est le Seigneur, Parole éternelle devenue parole humaine. Dieu, il est vrai, peut me toucher directement au fond du cœur. Mais il me faut mettre cela en paroles pour que j'en comprenne vraiment le sens. Il faut que je me dise en langage humain ce que Dieu me dit dans un langage sans paroles. Les secrets desseins de Dieu me sont révélés au fond du cœur, mais il faut me les entendre dire en paroles qui touchent mon oreille, en mots que je puisse lire et me répéter. Ainsi la parole de Dieu silencieuse au fond du cœur devient claire dans ce que j'entends ou dans ce que je lis.

La « lectio divina » est la lecture de la parole divine, non pas simple lecture d'un texte, mais lecture au niveau du cœur et plus profond encore. Je lis et j'écoute ce que Dieu veut me dire. Les paroles coulent, je les goûte dans leur sonorité, dans leur harmonie. La parole divine est douce au palais. Mais la vraie lecture se fait à la source même de la vision, de l'audition et de l'articulation des mots. Le texte devient ainsi le merveilleux intermédiaire entre moi et mon Dieu. Il me parle et j'écoute. Je prends conseil de lui, et doucement il me guide. Si j'ai besoin de lumières instantanées pour une solution rapide, Dieu peut me répondre par un texte qui me tombe sous les yeux, par une phrase qui frappe mon oreille.

Pour cela il me faut du temps. Il y a bien dans la vie des moments extraordinaires, des lumières soudaines qui ouvrent des brèches béantes dans le mur du mystère divin... Mais cela n'arrive pas tous les jours. Ce sont des éclairs instantanés qui ne peuvent qu'être rares. Au contraire la lumière que je retire de la « lectio divina » faite jour après jour, au rythme même de ma vie, met cette vie au rythme de la vie divine. Je puis, bien sûr, faire des révisions de vie, des examens, mais l'important c'est l'harmonisation de ma vie avec la vie et la pensée de mon Dieu.

La « lectio divina » n'a pas de but précis. Je ne lis pas la parole divine pour en retirer une lumière spécifique, au moins pas habituellement, mais je la laisse couler dans ma vie comme un fleuve tranquille... il est si facile de se parler de bord à bord d'une rivière ; la voix est doublement portée, à la surface et dans la profondeur des eaux. Cette parole divine irrigue toute mon existence en surface et en profondeur et s'enlace avec elle. C'est ainsi que la parole de Dieu devient lumière et guide de ma vie. Je ne pratique donc pas d'ordinaire la lecture de la parole divine pour y trouver des lumières immédiates pour ma conduite personnelle, mais pour prendre conscience que Dieu m'accompagne du matin au soir et du soir au matin comme un ami fidèle.

Le livre spirituel et l'expérience personnelle

La parole divine transmise par l'Écriture est le guide idéal pour la vie spirituelle, mais elle doit être monnayée et remonnayée sans cesse pour répondre à des situations toujours nouvelles. C'est ainsi que la parole divine demeure vivante et active dans le cœur des hommes.

Avant l'avènement du livre, la transmission de la parole divine se faisait presque uniquement par la prédication et par la liturgie. Des siècles de christianisme ont ainsi vécu leur foi. La masse des fidèles n'avait que l'enseignement oral et liturgique. À cette époque, le rituel avait beaucoup plus d'importance que maintenant. Les époques se succèdent et chacune doit réadapter son enseignement aux méthodes nouvelles. Quand je parle du livre, j'entends aussi tout ce qui sert à proclamer le message.

Faute d'un maître spirituel que je puisse rencontrer, je peux me laisser guider par un auteur. Je puis faire une saison avec Thérèse de Lisieux, ou avec Jean de la Croix. Je puis de temps en temps me plonger dans un auteur spirituel pour y trouver la solution à un doute... Si l'ouvrage a un bon index, cela est tellement facile. Chacun a ainsi ses ouvrages de références, des auteurs en qui il a confiance. Si un doute surgit dans mon esprit, si j'ai un scrupule qui me tracasse, inutile d'avoir un maître spirituel, inutile de prendre le téléphone. Je vais voir ce qu'en pense mon auteur spirituel préféré. Je lis et je relis. La lumière se fait dans mon esprit. La paix revient dans mon cœur et je m'endors en paix. Mon guide est là. Il m'attendait, et j'ai le sentiment que ce qui est écrit l'a été pour moi.

Je sais que Dieu m'a répondu par ce livre. Sans lui, j'aurais traversé la nuit tourmenté par le doute. J'aurais pu prendre ma Bible, mais je ne m'en sentais pas le goût. J'avais besoin de quelque chose de plus adapté, de plus directement en relation avec mon problème. Il fallait que je trouve quelque chose qui réponde à ma situation présente... Je l'ai trouvé. C'est ainsi que le Seigneur me rejoint là où je suis. Sa parole dans l'Écriture est parfois trop loin de ma situation concrète. Pour avoir confiance dans la solution qui m'est donnée, il faut que je me sente compris. Or ce que je lis me fait immédiatement saisir que l'auteur du livre est passé par où je suis passé. Il le décrit si bien que j'ai confiance. C'est pour cela que je crois à la vérité de la solution qu'il me propose. Je me demande comment il a pu si bien décrire ce par quoi je suis passé, mais c'est un fait qu'il dépeint ma propre expérience.

On ne dira jamais assez combien de personnes qui n'ont pas de directeur spirituel, sont ainsi guidées par des auteurs vivants ou défunts dont l'itinéraire est semblable au leur. Les maîtres spirituels que l'on peut rencontrer et consulter sont tellement peu nombreux qu'il faut bien reconnaître que la plus grande part de la direction spirituelle se fait autrement. Le danger est de mal interpréter le texte écrit et de le tirer à soi. Le texte ne réagit pas si on le comprend mal, comme pourrait le faire un maître en chair et en os. Si je me considère comme inspiré directement par l'Esprit, sans relation à un enseignement reconnu, je risque de dérailler. Mais si j'ai acquis une grande familiarité avec un auteur, il n'y a pas tellement de danger de mal interpréter sa pensée.

L'important c'est d'être honnête à l'égard de la parole divine ou du livre qui me sert de guide. Il ne faut pas que je projette sur le texte mes propres pensées et désirs. Mais il me faut être humblement attentif à ce qui est écrit. Or cela demande une longue pratique d'attention silencieuse et priante.

Le livre et l'éveil

Le livre précieux est celui qui instruit, mais combien plus précieux celui qui éveille. Les ouvrages spirituels agissent donc de deux manières. Les uns éclairent notre route en nous instruisant des chemins et des méthodes. Ce sont les manuels de spiritualité ascétique et mystique comme on disait autrefois. Ils nous donnent une vue d'ensemble de la vie spirituelle et de ses étapes. Ces ouvrages plus didactiques sont toujours utiles. Je sais que certains les dédaignent à cause de leur caractère « scolaire ». Mais ils demeurent nécessaires, car ils permettent de saisir l'ensemble de la vie spirituelle et d'en placer les étapes dans une perspective objective. Qui s'embarque dans la vie spirituelle sans avoir aucune idée de l'ensemble, est semblable à celui qui s'aventure dans un quartier aux ruelles entremêlées, sans avoir aucune idée du plan de ce quartier. Il risque de tourner pendant longtemps avant de tomber sur l'adresse désirée.

Il était un temps où il y avait nombre de bons livres qui pouvaient servir d'introduction aux méthodes et théories de la vie spirituelle. Mais, depuis une trentaine d'années, ce genre d'ouvrage n'intéresse que très modérément. On a vu surgir une efflorescence de livres de tous genres, qui sont l'expression d'expériences personnelles. Quand on les met ensemble, c'est un peu comme une immense forêt où l'on trouve de tout : des grands arbres, et des sous-bois touffus, des arbustes bien venus et d'autres tout biscornus... Telle est la littérature spirituelle actuelle. Il faudra attendre un certain temps encore pour qu'il soit possible de tracer de grandes avenues dans cette forêt et voir émerger les grandes lignes des spiritualités du temps présent.

Ce qui est précieux dans cette littérature tient à la variété et la richesse de l'expérience, avec une réserve : l'exubérance de l'expérience ne doit pas être prise pour de la profondeur. Celle-ci ne manque pas, mais elle reste rare, parce que jusqu'ici la génération qui arrive à l'âge adulte, a plutôt demandé du facile. C'est pourquoi les expériences en profondeur sont perdues au milieu d'une banalité qui miroite sans vraiment éclairer.

Cette littérature spirituelle moderne a aussi une grande qualité. Elle a mis sur le marché une abondance d'expériences dans lesquelles beaucoup se reconnaissent. Si l'on veut que l'expérience chrétienne s'approfondisse, chacun doit d'abord savoir où il en est. Or comment le saura-t-il si personne ne lui présente des descriptions de voies et d'expériences ? Présenter l'idéal est une bonne chose, mais le vrai guide vient prendre son disciple là où il se trouve, pour le conduire où il veut aller.

Si les ouvrages didactiques sont utiles pour éclairer notre démarche spirituelle, les plus importants sont ceux qui nous éveillent à des réalités cachées. Ces ouvrages n'enseignent pas, ils aident à percevoir. Ce qu'ils disent résonne au fond de notre être et nous en révèle les profondeurs. C'est ainsi que la parole de l'ange Gabriel à Marie fut l'instrument d'un tel éveil. Marie pouvait dire plus tard : « Je ne savais pas que j'étais tellement aimée de Dieu. Quand l'ange m'a parlé, mon mystère s'est révélé à mes propres yeux. Ce fut pour moi le grand éveil. À ce grand éveil essentiel vint s'ajouter celui qui me fut donné quand ma cousine Elisabeth répondit à ma salutation. » Cette notion d'éveil est fondamentale dans la tradition bouddhique. Elle l'était dans la grande tradition chrétienne des Pères de l'Église, elle l'a toujours été pour les mystiques. Je pense que nous l'avons oubliée quand nous avons intellectualisé l'expérience spirituelle. Le grand maître du Ch'an (Zen) Hui-Neng (638-713), raconte comment, entendant quelqu'un réciter des versets du *Sutra du Diamant,* il fut illuminé. Il s'éveilla soudain à la réalité mystérieuse de sa nature originelle. Cette expérience de l'éveil, nous la retrouvons dans toutes les grandes traditions spirituelles. Un mot, une phrase, un événement tout simple deviennent l'occasion de la manifestation au fond de nous-mêmes d'une réalité mystérieuse qui pour les uns est leur nature originelle, pour d'autres leur visage d'enfant de Dieu, ou la réalité de la présence divine. Or la richesse et la variété de la littérature moderne, orale, écrite et visuelle permet d'exprimer une infinie variété d'expériences spirituelles réalisées à une profondeur de plus en plus grande, là même où Dieu nous anime et nous touche de son doigt divin.

11. Le maître et son disciple

Nous avons déjà parlé du maître qui vit dans un monde inaccessible, mais qui pourtant séduit par son exemple et inspire par son expérience. Il me suffit qu'il existe et que, à l'occasion, je puisse le rencontrer et avoir un mot d'encouragement de sa bouche, ou de son regard. Nous avons ensuite parlé du livre, ce maître silencieux, toujours présent que je peux ouvrir et fermer au gré de mon désir.

Mais rien ne remplace le maître que l'on peut rencontrer, que l'on peut écouter, avec qui l'on peut échanger. Comme il n'existe pas de maître idéal, il faut nous contenter de ceux que nous rencontrons et qui veulent bien nous aider. Tous les maîtres ont leurs problèmes personnels et souvent c'est en aidant les autres qu'ils cherchent à les résoudre. Cela ne veut pas dire que leur direction soit mauvaise mais elle a ses limites.

Le vrai maître ne cherche pas de clientèle. Il attend qu'elle vienne. Il a suffisamment bien résolu ses propres problèmes pour ne pas avoir besoin de se donner de l'assurance en s'offrant à résoudre ceux des autres. Il a atteint une maturité suffisante pour voir clair dans les problèmes des autres et leur offrir une aide désintéressée et sûre. Cela, il le sait, mais il ne s'en fait pas gloire. Il est lucide sur lui-même et il peut l'être sur les autres. Il sait ce qu'il lui en a coûté à lui-même de prendre conscience de sa propre voie et de la suivre. Il n'est donc pas là pour imposer la sienne.

L'attention du maître au disciple

Nous avons déjà parlé de l'admiration que le disciple peut avoir pour son maître, admiration qui est vénération, parfois même adoration. Le disciple est prêt à tout recevoir de lui, à faire tout ce qu'il dira, à se conformer à lui jusqu'à lui devenir semblable. Le maître aura parfaitement conscience de cette disposition de son disciple. Mais il ne doit pas en profiter pour dominer celui qui l'admire à ce point. En acceptant cette vénération, le maître doit répondre par une attention. C'est quelque chose que le disciple a du mal à concevoir, qu'un tel maître puisse poser son regard sur lui non pas pour le conduire, mais pour l'écouter. Le malheur est que certains maîtres se nourrissent beaucoup trop de l'admiration de leurs disciples pour leur être attentifs.

Cette attention du maître au disciple est facile s'il est détaché de lui-même, de sa doctrine spirituelle, de sa propre gloire. Il ne cherche pas à enfler celle-ci, mais à comprendre ceux qui viennent à lui. Il arrive même que le maître ait à bander les yeux de son disciple, quand la nuit est trop noire et qu'il ne peut se guider lui-même. Peu à peu le maître aide son disciple à reporter son attention sur lui-même, en lui faisant prendre conscience de sa propre personnalité, de l'originalité de son cheminement et du dynamisme profond qui anime son être.

Si, au début, le disciple manque de sécurité et s'agrippe à son guide, ce dernier devra, peu à peu lui apprendre à se tenir debout et à découvrir au fond de lui-même un dynamisme et une richesse qu'il ignorait. C'est ainsi que le disciple prend conscience de sa propre richesse. Il compte aux yeux de son maître, pour ce qu'il est. Il n'est pas un numéro parmi beaucoup d'autres. Il se tient debout, capable d'affronter tous les dangers du chemin.

L'aide que le guide va donner pourra être de caractère purement professionnel. Quelqu'un vient le trouver pour demander conseil. Peut-être ne reviendra-t-il jamais. Le conseiller donne son avis d'une manière aussi objective que possible. Cette forme de relation est ordinaire dans l'aide psychologique. Le conseiller ne se révèle pas, il ne s'engage pas. Il écoute et conseille, un point c'est tout. Même si la personne revient régulièrement, la relation reste la même. Ainsi en est-il d'ordinaire de la direction spirituelle surtout quand elle est donnée à l'occasion de la confession.

Mais, au cours des dernières années, la direction spirituelle est devenue beaucoup plus personnelle. Elle implique des rencontres, des échanges spirituels et de la correspondance. Il était un temps où l'on demandait aux prêtres de ne pas rester en relation avec des personnes rencontrées au cours d'une retraite ou d'une session. Maintenant ces rencontres occasionnelles sont à l'origine de relations spirituelles qui s'approfondissent avec le temps. Cette relation sera entretenue par des rencontres, des échanges et une correspondance suivie. Le fait que la correspondance des religieuses, par exemple, n'est plus normalement lue par les supérieures a changé d'une manière radicale la relation du directeur avec ses dirigées.

La direction spirituelle est devenue une relation suivie. Le directeur n'a plus simplement un cas ou un problème de vie spirituelle à résoudre, il a devant lui une personne avec laquelle il est lié. Il prend tout le temps qu'il lui faut pour la connaître, et savoir quel chemin elle a déjà parcouru. Il met ainsi ses pas dans les siens, tout attentif à la manière dont Dieu la conduit.

Le guide et la démarche

Il faut un certain temps pour savoir où en est celui qui vient demander de se faire aider. Il ne le sait peut-être pas lui-même. Si le maître est uniquement préoccupé de classer son visiteur dans des catégories toutes faites, il aura bien du mal à le comprendre. Or c'est là le danger de toute science qu'elle soit psychologique ou spirituelle. Ces sciences nous fournissent des cadres faciles, des catégories qui nous permettent de commencer à comprendre, mais qui, finalement, nous empêchent d'aller jusqu'à la vraie connaissance, qui dépasse les catégories de l'esprit.

Il faut que le maître qui prend en charge une personne sache l'écouter. Il faut qu'il l'écoute, qu'il l'écoute sans se lasser jusqu'à en mourir. Alors il lui donnera la vie. Il faut que le maître meure à lui-même pour que, par cette mort, le disciple arrive à la vie. Je pense que c'est là la loi fondamentale de la relation du maître à son disciple. Au début, le disciple pense qu'il ne peut vivre qu'en s'appuyant totalement sur son maître, mais quand il voit son maître tellement attentif à lui, totalement ouvert, il comprend alors que le maître est mort à lui-même pour lui communiquer sa vie... ou, plus exactement, pour que le disciple comprenne qu'il a en lui cette vie. Le disciple ne voit plus son maître devant lui mais il sait qu'il vit en lui, non pour lui imposer des manières d'être extérieures, mais comme un maître et un guide sans visage. C'est ainsi que le Christ s'est vraiment montré maître parfait. Il s'est tellement donné à nous, il s'est tellement fait attentif à notre condition humaine qu'il en est mort. Et c'est ainsi qu'il nous a donné la vie. Le Christ ne nous guide plus de l'extérieur, mais de l'intérieur, par son Esprit. Il nous guide sur le chemin qui est le nôtre et nous donne de découvrir et d'exprimer dans notre vie présente, tellement concrète, le visage que nous avions en Dieu avant que nous n'ayons été conçus.

Le maître idéal doit être à l'image du Christ. Il va jalonner le parcours de la démarche spirituelle de son disciple, mais surtout il va le guider intérieurement en l'animant, en l'encourageant, en l'éclairant. Le maître meurt comme guide visible pour devenir le maître invisible partout présent et partout agissant. Jamais totalement saisissable en termes de préceptes ou de commandements, il est toujours actif au niveau de l'esprit.

Le maître n'est donc plus celui qui impose, mais celui qui guide. Il ne se contente pas de dire à son disciple, suivez mes indications, elles sont assez claires, vous ne pouvez pas vous tromper. Il accompagne vraiment la personne tout au long du chemin, mais d'une manière discrète qui lui laisse toute liberté. Il pourra bien, de temps à autre, crier casse-coup s'il voit que son disciple a fait une erreur et mal lu un signe. Il l'accompagne sans avoir l'air préoccupé. Il guide, mais en laissant celui qu'il guide faire le tracé et décider du parcours.

Une telle attitude n'est possible que si le maître connaît parfaitement son disciple et peut interpréter exactement ses démarches, ses attitudes, ses réactions. Comme il a été dit plus haut, il est mort à lui-même et vit pour son disciple, en lui étant totalement attentif. Il n'agit donc plus sur lui à la manière d'un guide extérieur, mais d'un guide tout intérieur. C'est pourquoi, de plus en plus, le disciple prend conscience qu'il marche lui-même, prend ses décisions, mais toujours guidé par son maître dont la direction est devenue intérieure.

Le maître s'est vidé de lui-même, son expérience et celle de son disciple se répondent comme en écho. Le maître n'impose rien, il s'efface et laisse grandir son disciple. C'est ce qu'a exprimé un ancien philosophe chinois de l'école taoïste, Kuan Yin, cité par Chuang-Tzu, l'un des Pères du système taoïste. Kuan Yin disait : « À celui qui n'est pas tout occupé de lui-même, les choses apparaissent comme elles sont réellement. Les mouvements de cet homme sont comme l'eau, la tranquillité (de son cœur) est (claire) comme un miroir, il répond à tout comme l'écho. Il se présente comme rien, et se fait inexistant. Paisible comme une eau claire, sa relation à toutes choses est harmonie. Ce qu'il acquiert, c'est pour le perdre. Il ne prend le pas sur personne, mais se met à leur suite [19]. »

C'est la même doctrine qui court tout au long de notre histoire humaine ; pour guider les autres, il faut se vider de soi-même. C'est ce que le Christ a poussé à sa perfection, pour nous faire prendre conscience de ce que nous sommes, des enfants du Père.

Le compagnon de route

Arrivé à ce point, mieux vaut dire que le maître n'est plus guide, mais compagnon, un compagnon intérieur. Il est intéressant de constater que deux courants se manifestent dans l'Église, d'une part une affirmation de l'autonomie de la voie spirituelle de chacun et d'autre part une importance très grande donnée aux méthodes directives. D'un côté, on voit se développer une prière personnelle profonde, libre des contraintes extérieures, de l'autre une prière collective qui fait usage, souvent d'une manière indiscrète, des méthodes de suggestion collective.

Sans doute ces derniers moyens sont-ils nécessaires pour produire une ambiance de prière collective, mais on récolte ce que l'on sème. Ceux qui ont goûté à ce genre de manifestations, risquent de ne plus pouvoir s'en passer. Pour cette raison ils auront du mal à développer en eux cette vie personnelle qui demeure l'idéal de la vie spirituelle... Vie personnelle vécue, bien sûr dans une communauté, dans une Église, dans une communion à l'humanité entière, mais finalement vie qui doit être personnelle ; sinon que vaut-elle ?

Il faut donc que le guide animateur de foules ait toujours en vue cette liberté intérieure de la personne. Il n'est jamais là pour imposer, mais pour libérer. Je sais que de grandes manifestations spirituelles magistralement orchestrées peuvent produire un tel choc spirituel que celui qui y prend part se trouve tout à coup libéré, dans une expérience merveilleuse. Il est rené dans le Christ en qui il vient de redécouvrir la réalité de son être. Il a accepté de se laisser prendre dans cette ambiance. Peut-être a-t-il eu, au début, le sentiment d'être pris, subjugué, ensorcelé. Peut-être aussi a-t-il eu le sentiment d'avoir perdu sa propre liberté. Il s'est laissé porter... Et finalement, il a dépassé tout cela. En lui l'Esprit l'a fait renaître. Il marche seul maintenant, accompagné par ce maître qui a été l'instrument de cette merveilleuse expérience, et par tous ceux qui ont contribué par leur présence à cet éveil qui s'est soudain produit en lui.

Sur les chemins de Dieu nous sommes ainsi plus spécialement accompagnés par celui qui est notre maître spirituel,
mais aussi par tous ceux qui sont engagés dans la même
recherche. Nous marchons tous ensemble, disciples d'un
même maître, d'une même école spirituelle, d'un même
mouvement et finalement membres d'une même Église et
d'une même humanité. Vraiment, nous ne sommes jamais
seuls sur les chemins de Dieu. Si par moment nous ne
voyons aucun compagnon de route à l'horizon, c'est simplement pour nous rappeler que le seul compagnon qui ne nous
manque jamais, c'est le Christ lui-même, même quand il se
fait plus absent que présent.

12. Faire route ensemble

Si grand que soit le maître, si profonde que soit son expérience, il est toujours en route vers le Seigneur. Le Christ lui-même pendant sa vie terrestre était en route vers son Père. Ce n'était ni du semblant ni du théâtre. Il était vraiment en route. Si ses disciples le suivaient, en fait, ils cheminaient ensemble avec lui. Au début, les disciples se dégagent de leur profession, de leur famille pour suivre le Christ. Suivre le Christ c'est essentiellement faire route avec lui, et pour lui, c'est faire route avec nous. Plusieurs fois dans l'Évangile, nous lisons : « Pendant qu'ils faisaient route ensemble. »

Tout ce qui est inclus dans l'état de disciple, se trouve réalisé par le total compagnonnage, tel qu'il nous est proposé, par exemple, dans la contemplation du Règne, dans les *Exercices* de saint Ignace. Le Christ accompagne ses disciples plus qu'ils ne l'accompagnent. Le berger guide ses brebis, mais c'est tout autant les brebis qui le guident. Elles vont d'instinct là où il y a davantage à brouter et le berger les suit. Sur la route d'Emmaüs, le Christ accompagnait les disciples bien plus qu'ils ne l'accompagnaient. Ils faisaient route ensemble.

Ainsi en est-il du maître qui fait route avec son disciple. Même recherche de Dieu, même désir de le trouver, même conscience d'être encore en chemin. Le Christ dit bien que le disciple n'est pas plus grand que le maître et pourtant, il a lavé les pieds de ses apôtres. Il se fait aussi simple qu'eux, il marche au même pas pour pouvoir les guider à partir de l'endroit où ils sont. Il ne dirige pas les démarches de son disciple en lui donnant des ordres à distance. Il marche avec lui, comme s'il n'avait d'autre préoccupation que de l'accompagner. Il est plus attentif à celui qu'il dirige, qu'à lui-même et à ses propres idées. Il entoure celui-ci d'une attention de tous les instants même s'il n'a pas le temps de penser toujours à lui. Sa présence est si profonde qu'elle n'a pas besoin d'être toujours consciente.

Le parfait compagnon de route

Cette attitude d'accompagnement est absolument nécessaire pour être un bon guide spirituel. C'est bien ainsi que saint Ignace dans ses *Exercices spirituels* définit le rôle de celui qui aide le retraitant : aider à se mettre dans les meilleures dispositions possibles pour faire l'expérience de l'action divine. Il ne s'agit donc pas, pour celui qui « dirige » la retraite d'imposer quelques pensées, considérations ou sentiments que ce soit. Il ne sait pas comment son retraitant va être traité par Dieu. Tout ce qu'il peut faire c'est de lui montrer le chemin, en l'éclairant de son mieux, et de l'inviter à se mettre en route.

Le présupposé est que, si le retraitant se met dans les conditions requises, il va ressentir l'action de Dieu. Le directeur de la retraite intervient alors à nouveau pour aider le retraitant à analyser ce qu'il ressent, à tous les niveaux de son expérience. Il va l'aider à discerner quels « esprits » agissent en lui et surtout quel dynamisme l'anime. Le vrai guide prend son disciple tel qu'il est, là où il en est. Il ne lui demande pas d'être parfait dès le début. On ne répétera jamais assez que l'on ne peut partir que de l'endroit où l'on est. Si le guide vit dans les nuages, comment peut-il accompagner son client ? Si par contre ce dernier plane au-dessus du chemin, le guide ne peut rien faire d'autre que d'essayer de le ramener sur terre.

Si par ailleurs le guide, encore tout attaché à sa propre

expérience, soupire : « Pourquoi n'est-il pas arrivé au point où j'en suis ? », c'est qu'il a oublié lui-même les étapes de son propre cheminement. Il manifeste peut-être aussi, en cela, la prétention de quelqu'un qui se croit arrivé. Or il ne sera vraiment arrivé que le jour où il aura accompagné jusqu'au but ceux qui se sont confiés à lui. Si avancé qu'il soit lui-même, il doit, tout comme saint Paul, redescendre de son troisième ciel pour guider ceux qui se frayent un chemin dans la plaine. Il redescend donc prendre ses clients là où ils ont passé la nuit. Sans cesse il refait dans la joie le chemin si souvent parcouru. Ce chemin il le redécouvre à chaque parcours dans l'émerveillement, dans la joie et dans la peine aussi de ceux qu'il accompagne. Joie toujours neuve de la redécouverte continuelle d'un chemin qu'il connaît pas à pas, pierre à pierre.

Le guide connaît le chemin, il n'a pas tellement besoin de regarder où il pose ses pas, mais il doit voir dans quelles conditions se trouve celui qu'il guide, quelles sont ses forces, la vitesse à laquelle il peut avancer. C'est pour cette raison que les retraites personnelles sont plus fructueuses que les retraites communes... Et pourtant ces dernières ont aussi une grande utilité car elles permettent de donner des exposés qui valent pour tout le monde et d'expliquer des règles de conduite spirituelle dont tous peuvent tirer profit.

Celui qui dirige la retraite, par exemple, verra comment son retraitant fait ses exercices spirituels et applique les règles accessoires. En fonction du résultat, il donnera des conseils. « Si vous ne trouvez aucun goût à méditer ainsi, pourquoi ne pas essayer une autre méthode ? » C'est ainsi que le directeur fait les exercices avec son retraitant. Il vit à l'unisson avec lui. Il se met dans les mêmes dispositions et éprouve en lui-même ce que celui-ci éprouve. Il est donc engagé dans sa démarche. Si la retraite est personnelle c'est précisément pour que cet engagement soit plus profond. Certains directeurs ne veulent pas s'engager ainsi dans l'expérience de leur retraitant, par principe de non engagement, ou par peur d'être pris dans des liens affectifs. Mais il reste qu'il est préférable de s'engager dans la démarche de celui que l'on accompagne.

Un très beau texte de saint Augustin présente d'une manière merveilleuse cette relation du maître avec ceux qu'il instruit. Un catéchiste lui avait demandé des conseils pour l'instruction des catéchumènes, c'est-à-dire de ceux qui partent de zéro. Ce catéchiste trouvait qu'il était terriblement fastidieux de répéter toujours la même chose. Augustin écrivit alors son petit traité *De Catechizandis rudibus.* Il a bien conscience que le dégoût peut s'emparer de nous quand nous répétons toujours la même chose, mais il ne faut pas en rester là. « D'autre part, écrit-il, nous éprouvons du dégoût à ressasser des notions rebattues et faites pour de petits enfants. Mettons-les au niveau de nos auditeurs avec un amour fraternel, paternel, maternel. Et quand nous ne ferons qu'un avec leur cœur, même à nous, elles nous paraîtront nouvelles. Si grande, en effet, est la puissance de la sympathie que, quand nos auditeurs sont impressionnés par nous qui parlons, et nous par eux qui apprennent, nous habitons les uns dans les autres. Par suite, ils disent, pour ainsi dire, en nous, ce qu'ils entendent, et nous, nous apprenons, d'une certaine manière, en eux, ce que nous enseignons. » Saint Augustin explique que c'est exactement ce qui se passe quand nous faisons visiter à des amis des monuments ou des sites que nous avons vus mille fois. « Notre jouissance n'est-elle pas renouvelée par la nouveauté de la leur ? Et elle l'est d'autant plus que notre amitié est plus chaude. Car autant nous sommes en eux, liés par l'amour, autant les vieilles choses deviennent même pour nous, nouvelles [20]. »

« *Laisser le retraitant avec son créateur* »

Ce que saint Ignace, dans ses *Exercices spirituels,* dit du retraitant, il faut le dire de tout dirigé. C'est donc dans une attention totale à son dirigé que le directeur trouve la réalisation de son rôle. Il est là, près de son disciple pour l'aider à percevoir l'action de Dieu en lui-même. C'est le retraitant qui fait la retraite. Ce n'est pas le directeur qui la fait pour lui. C'est le retraitant qui médite, qui contemple, qui ressent l'action du bon et du mauvais esprit. Quand le retraitant est tenté de trop s'appuyer sur le directeur, ce dernier doit doucement le redresser en le prenant par les épaules pour lui apprendre à se tenir debout. Le directeur aide ainsi le dirigé à prendre conscience de ses propres forces et à en tirer le meilleur parti possible.

Même dans les retraites « dirigées », le directeur ne doit pas croire que lui seul est mû par le Saint-Esprit. En fait, dans de telles retraites, il doit être d'abord attentif à ce que l'Esprit inspire à celui qu'il dirige. Ironie du langage, dans la plupart des retraites dirigées, c'est le dirigé qui indique au directeur dans quelle direction il est conduit par l'Esprit. Les deux sont ensemble soumis à l'Esprit du Seigneur, qui en dit plus au dirigé qu'au directeur ! Le directeur rendra donc constamment son disciple à lui-même. Aux moments plus difficiles, il pourra le laisser se reposer sur lui, s'en remettre à lui, mais ce ne sera que pour un temps. Doucement il l'aidera à se remettre debout et à repartir. C'est ainsi que le disciple va peu à peu prendre conscience de sa personnalité spirituelle. Là encore il faut que le guide soit capable de discerner que faire et quand le faire. Faut-il laisser son disciple apparemment sans aide tangible pour le forcer à faire un pas de plus dans la foi ? Faut-il au contraire lui manifester plus d'attention, plus de sollicitude ? Tout cela est affaire de tact. Mais le principe est certain, le guide doit aider son disciple à prendre à son compte toutes ses démarches et à trouver en lui-même la source d'énergie qui lui permettra d'avancer selon le désir de Dieu et animé par lui.

La pédagogie du Christ tend précisément à éveiller chez ses disciples cette prise de conscience d'eux-mêmes. Il ne leur dit pas tout ce qu'ils doivent croire. Il parle, souvent de manière énigmatique, il fait des miracles devant eux, il vit avec eux. Mais il ne fait pas aux apôtres de cours de théologie. Il les laisse écouter, voir, réagir chacun à sa manière, car c'est ce qui l'intéresse, que chacun prenne conscience de sa position à son égard. Il y a ce que pensent les gens autour d'eux et il y a ce qu'ils pensent eux-mêmes après voir vécu si longtemps avec lui. Que disent les gens du Fils de l'homme ? Ils disent qu'il est Jean-Baptiste, Élie, ou l'un des prophètes. Il leur dit : « Et vous, qui dites-vous que je suis ? » Prenant la parole, Simon-Pierre répondit : « Tu es le Christ, le Fils du Dieu vivant. » Reprenant alors la parole, Jésus lui déclara : « Heureux es-tu, Simon fils de Jonas, car ce n'est pas la chair et le sang qui t'ont révélé cela, mais mon Père qui est aux cieux » (Mt 16,15-17). Le Christ n'est pas intéressé à voir ses apôtres répéter ce que disent les autres, il veut qu'ils aient leur propre opinion. Dans le cas présent, Jésus fait remarquer à Pierre que ce qu'il a dit lui a été inspiré par le Père. C'est ainsi que le vrai guide spirituel agit à l'égard de ceux qu'il guide ou accompagne.

Le maître spirituel ne doit pas endoctriner son disciple ou l'embarquer dans des expériences spirituelles obtenues à grand renfort de pressions psychologiques. Il doit laisser son disciple en état de grande liberté à son égard. Bientôt le guide et le dirigé marcheront ensemble, au même pas, chacun avec sa démarche personnelle, mais en s'accompagnant l'un l'autre. Ce sont deux amis qui vont sur le chemin, vers le même but, la main dans la main. Pour le dirigé, le chemin est nouveau, mais il n'a pas peur car il sait que son guide est un vieux routier.

Aider la personnalité du disciple à surgir

Le disciple peut hésiter à voler de ses propres ailes... Il s'exerce d'abord sous la direction, puis sous l'œil du maître. Un jour viendra où il devra avoir assez de confiance en lui-même, non pas pour quitter celui qui le dirige, mais pour être lui-même. C'est d'ailleurs ce que le guide doit désirer. Non seulement il doit le désirer, mais il doit aider son disciple à en arriver là. Quand il voit que ce dernier a acquis assez de maturité et de confiance en lui-même, il doit le laisser aller, et faire son chemin par lui-même. Peut-être qu'un jour le maître aura le sentiment que son disciple va se fourrer dans un guêpier ou s'engager dans une impasse. Il pourra alors être tenté de reprendre de l'emprise sur lui pour l'empêcher de prendre une distance dont lui, le maître, souffre. Or si·vraiment il a bien accompagné son disciple en l'aidant à prendre conscience et du chemin et de la manière de le parcourir, il peut être en paix. Il sait que son dirigé saura se conduire lui-même et acquérir sa propre expérience. Peut-être devra-t-il la payer cher, cette expérience, en commettant quelques erreurs, mais cela vaut mieux que de rester toujours en état de dépendance.

Il pourra être très nécessaire qu'au moment propice, le maître soumette son disciple à une épreuve plus radicale. Il le mettra dans une situation telle qu'il devra faire face au vouloir qui est en lui l'expression de sa personnalité la plus profonde. Alors seulement le disciple touchera le fond même de son être dans sa relation fondamentale avec son Dieu. Dans toute existence il est bon d'en arriver là un jour, pour réaliser ce que l'on appelle parfois l'option fondamentale. Au moment de la faire pour de bon, le guide spirituel nous paraîtra très loin... Il faut qu'il en soit ainsi, car cette expérience décisive ne peut se réaliser que dans un face à face avec nous-mêmes et avec Dieu. À ce moment, il n'a plus de guide à l'horizon, plus personne sur qui s'appuyer, juste la pauvreté de notre être béant devant le mystère du vouloir divin qui nous apparaît dans toute sa crudité.

Quand Jésus, dans la synagogue de Capharnaüm, répète de mille manières qu'il est le pain descendu du ciel et que celui qui veut avoir la vie éternelle doit manger son corps et boire son sang, il ne cherche pas à édulcorer son enseignement, mais il y revient et il insiste. Le résultat est que la plupart le quittent. Or son but est précisément que chacun prenne conscience de la profondeur de sa foi et de son engagement. Ses auditeurs répètent : « Cette parole est rude !

Qui peut continuer à l'écouter ? » (Jn 6,60). C'est vrai ce langage est trop fort, trop violent, mais Jésus l'emploie délibérément. La plupart quittent donc, mais Pierre et les apôtres ont fait leur option. Ils s'engagent à fond : « Seigneur, à qui irions-nous ? Tu as des paroles de vie éternelle » (Jn 6,69). Il ne faut pas s'étonner que le guide spirituel mette parfois celui qu'il accompagne dans une situation semblable.

13. Une amitié véritable

Il n'est pas nécessaire qu'entre le directeur et le dirigé naissent des liens profonds d'amitié, mais il est difficile de les empêcher d'exister. Dans la plupart des cas on en reste à une relation d'aide, car il n'y a pas de raison de faire un pas de plus. Certains directeurs en restent aussi là par principe. Ils veulent se garder libres à l'égard des personnes qu'ils aident ou dirigent. À la rigueur vont-ils accepter une amitié faite d'estime et d'admiration. Je décrirai dans ce chapitre une autre expérience, celle d'une amitié véritable entre « maître » et « disciple ».

Un très grand nombre d'amitiés spirituelles sont nées d'une relation d'aide. Pour juger de l'opportunité d'accepter et d'entretenir une relation d'amitié, il faut en revenir à l'exemple du Christ qui, juste avant de mourir, disait à ses apôtres : « Je ne vous appelle plus serviteurs, car le serviteur reste dans l'ignorance de ce que fait son maître ; je vous appelle amis, parce que tout ce que j'ai entendu auprès de mon Père, je vous l'ai fait connaître » (Jn 15,15). Nous sommes les disciples du Christ et ce qu'il est pour nous, nous devons tâcher de l'être pour les autres. Pourquoi alors ne pas être l'ami de ceux que nous aidons à mieux suivre le Christ et à qui nous voulons révéler son immense amour ? J'aiderai infiniment mieux ceux que j'aimerai de cet amour que le Seigneur a pour eux et qu'il me demande de leur manifester.

Nous devions mentionner, avant de conclure, cette forme de direction spirituelle, où le maître ne reste plus assis sur sa chaire magistrale et où le guide, tout en cheminant, fait part de ses expériences. Si le maître spirituel répond à l'appel entendu pour une relation d'amitié, ce n'est pas parce qu'il en a besoin. C'est d'abord pour répondre à l'invitation reçue. Or se pose immédiatement un problème, car l'amitié spirituelle encore plus que toute autre amitié, est un don. On n'est pas ami avec qui l'on veut et l'on ne devient pas nécessairement ami avec quelqu'un parce que celui-ci a besoin de cette amitié. Combien de personnes ont cherché en vain à lier des relations d'amitié avec leur directeur spirituel sans y parvenir.

Qu'une personne se trouve ainsi confrontée à la réserve de son directeur, c'est normal. Qui blâmer ? Pourquoi blâmer quelqu'un ? Il faut prendre la situation comme elle est et la vivre le mieux possible. Si une ouverture réciproque se réalise, il faut s'en réjouir, mais sans vouloir s'y précipiter, car alors risqueraient d'apparaître des forces instinctives si violentes qu'elles pourraient tout déséquilibrer. L'amitié entre une femme et son directeur, par exemple, est une perle précieuse qu'il faut toucher avec grande délicatesse.

Une telle amitié suppose une confiance totale et réciproque. Il faut d'ordinaire attendre longtemps pour qu'elle se réalise. Cette lenteur peut être voulue, mais tient, tout aussi bien, au fait qu'un des partenaires ne se connaît pas réellement et n'est pas sûr de lui-même.

Comme le montrent les exemples tirés de la vie des Saints, s'avancer sur ce chemin conduit à partager l'amour auquel le Seigneur nous invite tous quand il dit : « Que tous soient un comme toi, Père, tu es en moi et que je suis en toi, qu'ils soient en nous eux aussi, afin que le monde croie que tu m'as envoyé » (Jn 17,21). C'est de cette intimité, de cette unité que naît la transparence, la rencontre de deux intériorités.

L'ami de l'ami

Dans cette relation qui s'épanouit dans l'amitié, il est toujours un troisième présent, celui qui a fait se rencontrer les deux amis, le Christ. Chacun des deux est bien déterminé à rester fidèle au Seigneur. Leur relation a pris naissance et s'est développée dans cette perspective. L'un et l'autre n'ont qu'un seul désir, celui d'aimer le Seigneur de tout leur être, de l'aimer plus, ainsi que l'écrit saint Jean de la Croix dans *La Nuit Obscure* : « Quelques-uns, sous couleur de spiritualité, conçoivent des affections envers quelques personnes, qui maintes fois procèdent de la luxure, et non de l'esprit ; ce que l'on reconnaît être de la sorte, lorsque, par le souvenir de cette affection, la mémoire et l'amour de Dieu ne croissent point, mais plutôt le remords de la conscience. Car, quand l'affection est purement spirituelle, à mesure qu'elle croît, celle de Dieu croît aussi. Et tant plus on se souvient d'elle, tant plus aussi on se souvient de celle de Dieu et on a un désir de lui et croissant en l'un on croît en l'autre. Car l'esprit de Dieu a cela de propre qu'il accroît le bien avec le bien, à cause de la ressemblance et conformité qu'il y a. Mais quand un tel amour naît du vice sensuel susdit, il a les effets tout contraires : parce que tant plus que l'un croît, tant l'autre diminue, et de même du souvenir.

« Car si cet amour croît, on verra aussitôt qu'on se va refroidissant en celui de Dieu et s'oubliant de lui par la mémoire de la personne qu'on aime, et de plus il y aura quelques remords en la conscience. Au contraire, si celui de Dieu croît en l'âme, elle se refroidit en l'autre et le met en oubli. En effet, comme ce sont des amours contraires, tant s'en faut que l'un aide à l'autre, que plutôt celui qui prédomine éteint et confond l'autre et se renforce soi-même, comme disent les philosophes. C'est pourquoi Notre Sauveur dit en l'Évangile que "ce qui est né de la chair est chair et ce qui est né de l'esprit est esprit''. C'est-à-dire : l'amour qui vient de la sensualité demeure en la sensualité, et celui qui vient de l'esprit s'arrête en esprit de Dieu et le fait croître. Voilà quelle différence il y a entre les deux amours pour les discerner [21]. »

Ce texte est parfaitement lumineux et permet de discerner quelle amitié et quel amour animent notre vie intérieure. Si c'est cet amour spirituel dont parle Jean de la Croix, plus nous pensons à la personne aimée, plus il nous sera facile de nous mettre en silence devant Dieu.

La main fraternelle

Personne ne marche seul sur les chemins du Seigneur. Après avoir parlé de la direction spirituelle de personne à personne il est bon en guise de conclusion de faire plusieurs remarques. Elles auront toutes pour but de remettre cette relation de maître à disciple, de directeur à dirigé dans des perspectives plus larges.

Nous entrerons dans le Royaume un par un, car le jugement est finalement personnel. Mais sur tout le parcours nous avançons en groupe. Si quelqu'un prend un peu de distance et court seul un moment, il est vite rattrapé par d'autres et peut-être dépassé. C'est pourquoi, même sans le savoir, nous sommes les guides, les accompagnateurs, les maîtres de ceux avec qui nous vivons. Vouloir faire son chemin seul est folie. Une voie spirituelle, si personnelle qu'elle soit, ne peut se parcourir qu'en compagnie d'autres. C'est pourquoi si je demande où sont mes maîtres, je dois répondre qu'ils sont partout... J'avance avec tous mes frères les croyants qui constituent l'Église, avec tous ceux des autres églises et croyances, avec l'humanité entière. Tout homme qui cherche Dieu est mon maître et mon guide.

Bien souvent les personnes que j'accompagne ont du mal à croire que je reçois beaucoup d'elles. Pourtant il en est bien ainsi. Le maître spirituel peut avoir lui-même un maître, mais qu'il en ait un ou non, il reçoit de tous ceux à qui il donne. Comment cela se fait-il ? Le disciple dira : « Mais je n'ai rien à vous donner... » Cette réaction se comprend fort bien, mais il faut aussi qu'il comprenne que dans les expériences de ses disciples, le maître trouve la confirmation continuelle de sa propre expérience. C'est ainsi que le maître reçoit mille témoignages pour un seul qu'il donne. Cette réciprocité peut se développer dans l'amitié dont je viens de parler.

Puisque nous marchons tous ensemble vers le Seigneur sur des chemins qui s'entrecroisent sans cesse, nous ne devons pas tenir jalousement aux dons que Dieu nous fait. Il ne s'agit pas d'étaler nos expériences, ce qui serait manque de discrétion et de pudeur, mais d'en faire part à ceux qu'elles peuvent aider. Les jaloux, les prétentieux qui ont peur de laisser les autres entrer dans leur intimité verront leurs trésors disparaître comme par enchantement. Les dons que Dieu nous fait perdent de leur éclat et se réduisent à rien si nous les gardons pour nous. C'est alors comme si, par je ne sais quel phénomène mystérieux, ils se vidaient de leur substance. Si, au contraire, nous savons les monnayer, ils deviennent une source inépuisable de force et de lumière pour tous ceux qui en ont besoin.

Ces pages sont une simple invitation à réfléchir sur notre propre expérience. Elles peuvent aussi fournir des thèmes pour des échanges sur les problèmes de la direction spirituelle.

1. Réflexions

1. *Maître et disciple,* ce petit ouvrage est le fruit d'une longue réflexion qui a commencé il y a bien des années. Il est le reflet d'une expérience personnelle qui en inclut des milliers d'autres. C'est un fleuve dans lequel viennent se jeter de petites et de grandes rivières, des torrents, des ruisseaux et des ruisselets à peine visibles mais dont le murmure se laisse percevoir à l'oreille attentive.

Dans ce domaine, les livres sont utiles, mais rien ne remplace l'expérience. Saint Ignace s'est ainsi formé. Les premiers pas de son expérience spirituelle ont été faits dans la solitude du château de Loyola où il vécut isolé pendant de longs mois, n'ayant pour se guider que quelques livres de piété. C'est alors qu'il a commencé à réfléchir sur son expérience. De cette réflexion sont sortis les premiers éléments de ses Règles pour le discernement des esprits, qui sont la base de l'art de la direction.

Pour en arriver à cette sûreté de discernement, il est nécessaire de faire réflexion sur notre propre expérience en suivant le conseil que donne saint Ignace dans ses *Exercices*. Dans la *Cinquième addition* il écrit : « Une fois l'exercice terminé, pendant l'espace d'un quart d'heure, soit assis, soit en me promenant, je regarderai comment s'est passée la contemplation ou la méditation. Si c'est mal, je verrai de quelle cause cela provient, et, l'ayant vu, je m'en repentirai, pour m'amender à l'avenir. Si c'est bien, je rendrai grâce à Dieu notre Seigneur, et je m'y prendrai une autre fois de la même manière » (*Exercices,* N° 77).

Cette remarque toute simple reflète un des traits caractéristiques de la spiritualité de saint Ignace, l'exigence de lucidité. Cette exigence conduit bien vite à une vue claire de ce qui se passe en nous au temps de la prière. Si quelqu'un applique cette simple méthode pendant des années, il se connaîtra dans tous les recoins et saura que faire pour atteindre le but qu'il se propose.

2. *Examiner le commencement, le milieu et la fin...*

Les expériences humaines sont un continu dont nous ne voyons, au moment de l'expérience, que l'aspect actuel. Or Ignace nous dit bien qu'il ne faut pas s'en tenir là. À propos du discernement des esprits il donne cette règle merveilleuse. « *Cinquième règle*. Il faut faire grande attention au déroulement de nos pensées. Si le début, le milieu et la fin sont entièrement bons, orientés entièrement vers le bien, c'est le signe du bon ange. Mais, si le déroulement de nos pensées nous amène finalement à quelque chose de mauvais, ou de distrayant, ou de moins bon que ce que l'âme projetait d'abord, ou qui affaiblit, inquiète et trouble l'âme en lui enlevant la paix, la tranquillité et le repos qu'elle avait auparavant, c'est un signe clair qu'il procède du mauvais esprit, ennemi de notre progrès et de notre salut éternel » (*Exercices,* N° 333).

Dans la règle suivante, Ignace explique la manière de faire du démon. Puis il conclut : « Ainsi, grâce à cette expérience reconnue et notée, on se gardera à l'avenir de ses tromperies habituelles » (*Exercices,* N° 334). Il ne s'agit donc pas simplement de noter les belles pensées ou les beaux sentiments qui nous sont venus pendant la prière. En rester là c'est juste s'engager dans l'art de la maîtrise. Il faut examiner l'avant et l'après, de manière à saisir le mécanisme de notre psychologie et à en comprendre le fonctionnement. Ainsi sera-t-il possible de discerner l'action du bon et du mauvais esprit, et tout spécialement la consolation « sans cause » quand Dieu nous touche au plus intime de notre être sans passer par les intermédiaires habituels.

Or pour en arriver à cette clarté de discernement et à cette sûreté de jugement sur notre chemin, il nous faut des années d'attention et de réflexion. C'est bien pourquoi Ignace, au début de sa conversion, portait toujours sur lui un petit carnet sur lequel il notait les mouvements intérieurs de son âme. Ainsi devint-il un maître très sûr, et très ouvert aux multiples chemins de Dieu.

Une des principales raisons d'efficacité des *Exercices* réside précisément en leur durée, une durée qui permet un cheminement assez lent pour laisser à l'expérience le temps de s'épanouir. Cette expérience est un fruit qui mûrit lentement et va de pair avec le développement de toute la personne.

3. *Le guide ou directeur*

Pour voir clair dans notre âme, il est fort utile d'avoir près de nous quelqu'un qui nous aide à faire le discernement. Le retraitant voit bien ce qui se passe en lui. Mais il risque d'être tellement pris par son expérience présente qu'il soit incapable de la voir dans la continuité de son cheminement. Il est, en effet, difficile de s'élever au-dessus du présent de l'expérience, surtout si cette expérience est douloureuse. Ici le directeur est celui qui va aider son dirigé à placer ce moment présent dans la succession des moments forts de son histoire spirituelle.

Le directeur accompagne son dirigé. « Si le directeur, écrit Ignace, voit que le retraitant est désolé et tenté, qu'il ne se montre ni dur ni âpre avec lui, mais doux et bon ; qu'il lui redonne courage et forces pour l'avenir ; qu'il lui révèle les ruses de l'ennemi de la nature humaine ; et qu'il le fasse se préparer et se disposer pour la consolation qui doit venir » (*Septième annotation, Exercices,* N° 7). C'est alors que le directeur pourra commencer à présenter à son dirigé les règles de discernement, pour l'aider à prendre conscience de l'action des esprits. Ce discernement doit être fait avec l'aide du directeur dont l'expérience lui permet de déceler l'action des esprits qui passe au travers de toutes les couches de notre psychisme.

Dans les *Exercices,* saint Ignace donne au directeur des conseils qui valent pour toute direction spirituelle. « Celui qui propose à un autre un mode ou un plan de méditation ou de contemplation, doit raconter fidèlement l'histoire à contempler ou à méditer, se contentant d'avancer d'un point à un autre par de courtes et sommaires explications. Car, si celui qui contemple part d'un fondement historique vrai, s'il avance et réfléchit par lui-même et s'il trouve de quoi expliquer ou sentir un peu mieux l'histoire, soit par sa réflexion propre, soit parce que son intelligence est illuminée par la grâce divine, il trouve plus de goût et de fruit spirituel que si le directeur avait abondamment expliqué et développé le contenu de l'histoire. Ce n'est pas, en effet, d'en savoir beaucoup qui satisfait et rassasie l'âme, mais de sentir et de goûter les choses intérieurement » (*Seconde annotation. Exercices,* N° 2).

Le plus important de tout, c'est que le directeur fasse confiance à la personne qu'il dirige et à l'Esprit de Dieu qui agit en elle. Cette pédagogie est celle du Christ dans l'Évangile. Le Christ provoque dans l'âme de ses disciples un désir de le comprendre et de l'aimer. Il leur laisse le temps de réfléchir et de choisir. Le couronnement de cette pédagogie est l'annonce de son départ. Il leur dit qu'il est bon qu'il s'en aille, car autrement le Saint Esprit ne viendra pas en eux.

Cela veut dire que s'il reste avec eux, leur expérience ne va pas être intériorisée. Elle restera trop dépendante de sa présence sensible. Il ne veut pas, en effet, que ses disciples soient des copies conformes, mais que chacun ait son individualité spirituelle. Cela ne se réalisera que s'il disparaît pour demeurer au plus profond d'eux-mêmes et les animer comme la sève anime le cep de vigne, donnant à chacun de se développer selon sa personnalité.

Les Annotations des *Exercices* sont remplies de sages conseils qui montrent à quel point Ignace avait maîtrisé cet art de la direction spirituelle. Dans la *Quinzième annotation,* il écrit : « Le directeur ne doit pas engager le retraitant à la pauvreté ni à quelque promesse, plutôt qu'à leur contraire, ni à un état de vie plutôt qu'à un autre. En dehors des Exercices, en effet, il peut être licite et même méritoire d'engager tous ceux qui paraissent y être aptes à choisir la continence, la virginité, la vie religieuse ou toute forme de perfection évangélique. Mais, au cours des Exercices spirituels, il est plus utile et bien meilleur, dans la recherche de la volonté divine, que le Créateur et Seigneur se communique lui-même à l'âme fidèle, l'embrassant dans son amour et sa louange, et la disposant à la voie où elle pourra mieux le servir ensuite. Ainsi le directeur ne doit pas se tourner ou incliner vers un parti ou vers un autre ; mais, se trouvant en équilibre entre les deux comme une balance, qu'il laisse le Créateur agir sans intermédiaire avec la créature, et la créature avec son Créateur et Seigneur » (*Quinzième annotation. Exercices,* N° 15).

Cela ne veut pas dire que le Seigneur ne donne jamais au directeur d'inspiration à communiquer à la personne qu'il dirige. Mais il faut se méfier, car c'est un penchant très naturel chez le directeur de se croire inspiré par Dieu pour communiquer tel ou tel message. Cette inspiration peut venir de l'Esprit Saint, mais peut tout aussi bien venir d'une fausse idée de son rôle, ou d'une prétention bien naïve. Ici, le directeur doit voir s'il est vraiment détaché devant le Seigneur, et s'il ne cherche pas, inconsciemment, à le faire entrer dans ses propres vues.

Pour ces raisons, il faut qu'il soit attentif non pas à ce qu'il pense et désire, mais à ce qui se passe dans l'âme de son retraitant. Ici encore Ignace donne de très sages directives ; dans la *Dix-septième annotation,* il écrit : « Il y a grand avantage à ce que le directeur, sans vouloir demander ni connaître les pensées propres ou les péchés du retraitant, soit informé fidèlement des diverses agitations et pensées que lui apportent les divers esprits. Car, selon que ses progrès sont plus ou moins grands, il peut lui donner certains exercices spirituels utiles et adaptés aux besoins de son âme ainsi agitée » (*Exercices,* N° 17).

Nous pouvons terminer par une autre remarque de saint Ignace qui vaut pour toute direction spirituelle. Ce n'est pas le retraitant qui doit s'adapter à toute force à celui qui le dirige. Au contraire c'est le directeur qui doit adapter la méthode et les sujets qu'il propose aux capacités du retraitant. « Selon les aptitudes de ceux qui veulent faire les Exercices spirituels, c'est-à-dire selon leur âge, leur culture ou leur intelligence, il y a lieu d'adapter ces mêmes Exercices. Car on ne doit pas donner à celui qui est rude ou de peu de force des choses qu'il ne puisse supporter sans fatigue et dont il ne puisse profiter. De même on donnera à chacun, selon la façon dont il aura voulu se disposer, ce qui peut l'aider et lui profiter davantage » (*Exercices. Dix-huitième annotation,* N° 18).

Il ne faut pas, en effet, faire des Exercices une méthode rigide dans laquelle le pauvre retraitant doit se laisser enserrer. Les Exercices sont faits pour le retraitant et non le contraire. C'est comme pour le sabbat !

2. Suggestions

Parmi les milliers de suggestions possibles nous pouvons en choisir quelques-unes pour aider la réflexion personnelle ou l'échange avec d'autres.

1. *Nous n'avançons pas seuls sur les chemins de Dieu*

Il faut nous rendre à l'évidence que nous ne sommes pas seuls à marcher sur les chemins du Seigneur. Nous vivons avec d'autres et nous devons développer les liens qui nous unissent, en dépassant la simple politesse qui finalement ne développe que des attitudes formelles. Il nous faut donc être en relation avec beaucoup d'autres personnes si nous voulons nous développer intérieurement. Nous avons, en effet, en nous des trésors dont nous ne prendrons jamais conscience si nous ne sommes pas en relation avec d'autres. Il n'est pas nécessaire d'avoir beaucoup d'amis, mais il est bon d'en avoir quelques-uns.

Ceci est essentiel pour la vie spirituelle. Il faut donc, avec une persévérance inlassable chercher l'ami ou plutôt l'attendre. Nous risquons d'avoir bien des déceptions... Combien de personnes en qui nous pensions trouver des amis fidèles, qui se sont montrées incapables d'amitié véritable. Mais il ne faut pas pourtant que les déceptions nous ferment le cœur.

La recherche de l'ami doit toujours être une recherche désintéressée, si paradoxal que cela puisse paraître. À mesure, en effet, que nous nous détachons de nos propres désirs, nous nous ouvrons à d'autres qui aussi nous ouvrent leur porte.

2. *À propos du partage*

Depuis plusieurs décades on a remis à la mode le partage, comme si le partage était le remède à tous les problèmes de la vie fraternelle et communautaire. Mais pour que le partage soit profitable à la vie spirituelle il faut qu'il soit vrai.

Le partage et l'échange peuvent prendre bien des formes, depuis l'effusion spontanée jusqu'à la discussion la plus serrée. Dans l'effusion pratiquée dans les groupes charismatiques, celui qui « parle » laisse simplement s'épancher son cœur. C'est une effusion et non un partage, car celui qui s'épanche ainsi ne se soucie pas de ceux qui l'écoutent. Il considère ce qu'il dit comme une prophétie, l'expression en parole de ce que l'Esprit lui inspire, même si c'est simplement son subconscient qui se libère.

Dans le vrai partage, celui qui parle le fait en tenant compte de ceux qui l'écoutent. C'est justement là la règle essentielle. Si je me livre à une effusion, il n'est pas évident que je serai « accepté ». Ce que je dis peut même bloquer ceux qui m'écoutent. Ils peuvent trouver que je me considère comme plus avancé qu'eux dans ma relation à Dieu ou que je me prends pour un grand inspiré. Dans le vrai partage, je contrôle ce que je dis, pour être reçu et compris. Ceux qui m'écoutent ne sont pas bloqués par mes effusions. Ils répondent à mon ouverture, par une ouverture semblable, sur le même plan, au même niveau.

Le problème vient de la fausse idée que certains se font de cet échange. Ils pensent qu'ils ne sont pas sincères ou fidèles à l'Esprit s'ils ne disent pas tout. Qu'ils se souviennent donc que le Seigneur ne s'est pas épanché devant les foules de Galilée comme il l'a fait plus tard devant ses disciples, dans l'intimité du repas pascal. Il est bien des communautés où le partage communautaire est devenu impossible, à cause de la surenchère aux belles paroles ou aux grands sentiments. Or chacun sait qu'il y a des beaux parleurs, en vie spirituelle, comme dans les affaires ordinaires. Et il y a les muets, qui vivent beaucoup plus profondément, mais ne peuvent pas facilement exprimer ce qu'ils vivent.

Dans le partage, l'important est l'attention à l'autre. Que de fois j'entends des personnes me dire : « Père, personne ne me comprend, personne ne m'écoute. » Ma réponse est bien simple : « Mais, essayez-vous d'écouter et de comprendre ? » Si, dans un groupe ou dans une communauté, chacun est attentif à l'autre, ce groupe devient très uni. Il se fait un échange merveilleux. Or, à cela il faut s'exercer. C'est un art qui ouvre les autres à notre propre expérience, en nous faisant attentifs à la leur. Dans l'Évangile, nous voyons comment le Christ était attentif aux autres pour leur faire prendre conscience de ce qu'ils vivaient.

3. *Le journal spirituel*

Il y a mille manières de tenir un journal spirituel, depuis l'effusion spontanée jusqu'au minutieux journal de bord. Dans le cas de l'effusion, l'expression vaut ce que vaut l'expérience. Cette effusion nous remplit d'une joie immense, car en elle et par elle nous exprimons ce qui est le plus intime de nous-mêmes et nous en prenons conscience. Après en avoir ainsi pris conscience, nous pouvons commencer à maîtriser notre expérience. C'est un fait que d'ordinaire une expérience non exprimée nous échappe, car nous ne savons pas comment la saisir et encore moins comment la contrôler.

Après avoir ainsi déversé sur le papier, au courant de la plume, cette expérience intérieure, il faut m'asseoir et essayer de voir d'où sortent les « mots ». Il est fort possible qu'ils viennent simplement de ce dépôt rempli de millions de choses que nous appelons la mémoire. Ce qui me vient sous la plume est alors le produit d'une réminiscence pure et simple. Je me fais illusion en pensant que c'est l'expression d'une expérience profonde. L'émotion a juste appuyé sur un bouton, celui de ma mémoire.

Cette résurgence peut aussi venir du fond de mon subconscient. Ce qui jaillit était là depuis longtemps, attendant que j'enfonce la bonne touche. Ce qui vient sous ma plume est un trésor profondément enfoui et recouvert par des années d'oubli. À ce point, ce que j'écris est vraiment mon expérience personnelle, dans sa profondeur historique et dans son épaisseur humaine. L'expression est d'une tout autre densité que ce qui vient simplement des trésors de ma mémoire. Or pour en arriver à trouver une expression à une telle profondeur d'expérience, il faut des années de pratique. C'est là que chacun apprend l'art de la direction spirituelle en apprenant à se connaître soi-même.

4. *La vérité de l'expression*

En écrivant ainsi je dois constamment vérifier si ce que je dis est vraiment l'expression de mon expérience, si je ne me paye pas de mots. Le grand danger est, en effet, de se laisser emporter par le flux du verbe ou le torrent de la parole. Cela arrive chez tous les auteurs. Mais c'est une chose qui n'arrivait jamais au Seigneur Jésus. Jamais il ne s'est laissé prendre à la griserie de la parole qui engendre la parole. Chez lui toute parole est enracinée dans une expérience profonde. C'est pourquoi ses « discours » sont si déroutants. Ils ne se « suivent » pas. On ne sait jamais ce qu'il va dire, ni comment va tourner sa phrase. Lui qui est La Parole, il n'a pas prononcé une parole qui ne soit immédiatement enracinée dans la profondeur de son expérience.

Si j'aspire à aider les autres dans leur vie spirituelle je dois sans cesse m'exercer à cette sincérité totale de l'expression. Quand j'aurai fait cela pour moi pendant des années, je pourrai le faire pour les autres. Je serai attentif à leurs paroles et je pourrai saisir ce que ces paroles révèlent. Je pourrai en même temps leur apprendre cette sincérité qui est la condition essentielle de tout progrès spirituel.

La pratique de l'expression devient pour moi un moyen merveilleux d'exploration de mon univers intérieur. À mesure que j'avancerai dans mon exploration, je verrai surgir sous mes pas un monde merveilleux qui est encore notre monde humain, mais qui est déjà tout baigné de la lumière divine. Or c'est vers ce monde merveilleux que tout maître désire accompagner ses disciples. Mais avant de pouvoir les guider il doit y aller lui-même et bien connaître les chemins qui y conduisent.

Éléments de bibliographie

Cette bibliographie est volontairement brève, mais la littérature sur la direction spirituelle et le discernement est extrêmement abondante. Certains des titres ci-dessous ouvrent des horizons sur le problème de la direction spirituelle dans des traditions qui ne sont pas chrétiennes. Leur lecture peut ouvrir l'esprit à des manières de faire qui sont habituelles dans d'autres traditions et dont nous pouvons aussi nous inspirer.

1. Jean Laplace, *La direction de conscience et le dialogue spirituel*. Mame, 1965.

Ce petit livre reprend l'enseignement traditionnel de la direction de conscience en l'intégrant dans le contexte de l'Église d'aujourd'hui. Il reste un classique de cet art si difficile dont les aspects changent à chaque époque de l'histoire.

On trouvera dans les notes placées à la fin de l'ouvrage de précieuses indications bibliographiques avec de brèves appréciations des ouvrages cités.

2. François Charmot, *L'âme de l'éducation. La direction spirituelle*. Spes, 1934.

Ouvrage un peu ancien, mais qui demeure un guide très précieux, à cause de la personnalité de son auteur dont la sagesse et la perspicacité ont éclairé un si grand nombre de personnes.

3. *Le Maître spirituel*. A.-M. Besnard, R. Caspar, et autres. *Foi Vivante,* N° 198. Ed. du Cerf, 1980.

Ce recueil d'articles parus originellement dans la revue *Axes* présente les Maîtres spirituels dans différentes traditions : le maître spirituel dans le zen, le guru dans la tradition hindoue, la direction spirituelle en Islam, etc.

Ces différents articles nous ouvrent des horizons nouveaux qui enrichissent et élargissent notre conception de la direction spirituelle.

4. *Abba, Guides to Wholeness and Holiness East and West.* Edited by John R. Sommerfeldt, *Cistercian Studies Series :* Number Thirty-eight, Cistercian Publications, Kalamazoo, Michigan, USA, 1982.

Textes présentés au Symposium sur « Paternité et Maternité spirituelles, » qui eut lieu à l'Abbaye de « New Clairvaux », en Californie, en 1978. On y trouve des aperçus sur les traditions de l'Occident chrétien et de l'Asie, ainsi que des essais d'intégration de l'Est et de l'Ouest.

5. *Dictionnaire de Spiritualité,* tome 3, fascicules XX-XXI et XXII-XXIII, article « Direction spirituelle », par différents auteurs.

Une histoire détaillée de la direction spirituelle au cours des âges dans l'Église.

6. *Dictionnaire de Théologie,* tome IV, col. 1375-1415, article « Direction spirituelle ».

Article indispensable pour saisir toutes les implications spirituelles et théologiques de la direction spirituelle.

7. *Revues*

Parmi les revues, citons deux numéros spéciaux de *Christus* : n° 4 (1954) et n° 25 (1960).

Autres collections à consulter : *Supplément de la Vie spirituelle, Vie consacrée, Cahiers de spiritualité ignatienne, La Vie des communautés religieuses.*

Notes

(Les textes de l'Écriture sont cités d'après la *Traduction Oecuménique de la Bible,* TOB, les textes des *Exercices* de saint Ignace le sont d'après la traduction de François Courel, DDB, Coll. Christus).

1. (page 5). Saint Ignace de Loyola, *Exercices spirituels,* Traduits et annotés par François Courel, s. j., Collection Christus, DDB, 1963, p. 14, N° 2.
2. (page 10). Thérèse d'Avila. *Le Château intérieur.* Les septièmes demeures.
3. (page 10). Cette division en trois niveaux est fréquente dans la Sainte Écriture. Nous la trouvons dans saint Paul mentionnée soit d'une manière explicite comme dans I Thess 5,23. « Que le Dieu de paix lui-même vous sanctifie totalement, et que votre esprit, votre âme et votre corps, soient parfaitement gardés... », soit implicitement supposée. Elle apparaît dans le texte de l'*Épître aux Hébreux* sur la Parole de Dieu qui « pénètre jusqu'à diviser âme et esprit » (He 4,12). L'important, c'est la distinction qui est faite entre l'âme et l'esprit, l'existence du corps ne faisant aucun problème. L'auteur de l'*Épître aux Hébreux* distingue ici l'âme, principe de la vie physique et psychique, de l'esprit, principe de la vie spirituelle (Cf. note de la TOB au texte cité de l'*Épître aux Hébreux.* On retrouve la même distinction dans 1 Co 2,14, et 15, 45-46). Cette distinction se retrouve aussi dans l'Ancien Testament. Elle est essentielle pour l'interprétation de la mystique chrétienne, comme cela apparaît clairement dans les Septièmes demeures de Thérèse d'Avila.
4. (page 12). Il existe toute une littérature sur ce sujet, par exemple *La Vie des maîtres.*
5. (page 22). Voir la note de la TOB, au texte de Luc 3,22.
6. (page 25). *Le Récit du Pèlerin* est le récit que saint Ignace fit de sa vie peu de temps avant de mourir à un de ses compagnons, Ed. du Seuil, 1962.
7. (page 27). *Tao Te King,* chap. 47. Traduction Claude Larre. *Tao Te King, Le Livre de la Voie et de la Vertu,* DDB-Bellarmin, Collection Christus, N° 47, p. 14.
8. (page 31). *Le Nuage de l'inconnaissance* est l'œuvre d'un mystique anglais du XIVᵉ siècle dont le nom n'est pas connu. Il en existe plusieurs traductions françaises.
9. (page 41). *La Théologie mystique* de Denys l'Aréopagite traduite d'abord en latin, fut ensuite traduite en anglais par l'auteur du *Nuage de l'inconnaissance.*

10. (page 50). Les évêques d'Asie orientale et de l'Inde parlant de l'inculturation, ont déclaré que l'un des dons que les églises d'Asie pouvaient faire à l'Église universelle, c'était une prière de toute la personne : corps, âme et esprit. (En anglais, body, psyche and spirit).

11. (page 51). Voir Thérèse d'Avila, *Le Château intérieur,* Septièmes demeures. Cf. Yves Raguin, « St Teresa of Avila and Oriental Mysticism », dans *Asian Religious Traditions and Christianity,* Manila, University of Santo Tomas, 1983, p. 182.

12. (page 53). *Exercices spirituels* de saint Ignace, N° 330 : « Consolation sans cause précédente. » Lire à ce sujet l'ouvrage de J. Gouvernaire, *Quand Dieu entre à l'improviste* (DDB - Coll. Christus).

13. (page 60). Jacques Guillet, *Jésus-Christ hier et aujourd'hui,* DDB ; Yves Raguin, *Le Christ et son mystère,* dans le supplément 227 de Vie Chrétienne, Nov. 1979.

14. (page 68). La mystique « apophatique » est celle qui s'éloigne de toute expression du mystère. Elle répond à la théologie négative de connaissance par négation. La mystique « cataphatique », au contraire, a recours à l'expression du mystère. Elle correspond à la théologie positive.

15. (page 68). Grégoire de Nysse. Onzième homélie sur le *Cantique des Cantiques.*

16. (page 71). Voir : *Rûmi et le soufisme,* par Eva de Vitray-Meyerovitch. Coll. Maîtres spirituels. Ed. du Seuil, 1977.

17. (page 78). Le terme « kenshô » en japonais (Chien-hsing, en chinois) veut dire : « voir sa nature ». C'est un terme qui définit l'expérience de ce que l'on appelle communément « l'illumination » dans le Zen (Ch'an en chinois). Satori est un terme japonais qui exprime l'illumination totale dans le Zen. Certains identifient Kenshô et Satori, d'autres, non.

18. (page 84). *Exercices* de saint Ignace, N° 2. Annotation 2.

19. (page 111). Chuang-tzu, chapitre 33. Les écoles (dans le monde).

20. (page 118). Saint Augustin. *De Catechizandis Rudibus.* Ch. XII, 17. Bibliothèque Augustinienne. *Œuvres de saint Augustin,* 11. Le Magistère chrétien. Desclée De Brouwer, 1949, p. 65.

21. (page 125). Jean de la Croix. *La Nuit obscure.* Livre I, chap. 4. *Œuvres complètes,* DDB. 1967, p. 394.

Sommaire

Achevé d'imprimer le 5 avril 1985
sur les presses de l'Imprimerie Jugain à Alençon (Orne)
N° d'éditeur : 85-23
Dépôt légal : avril 1985

Imprimé en France